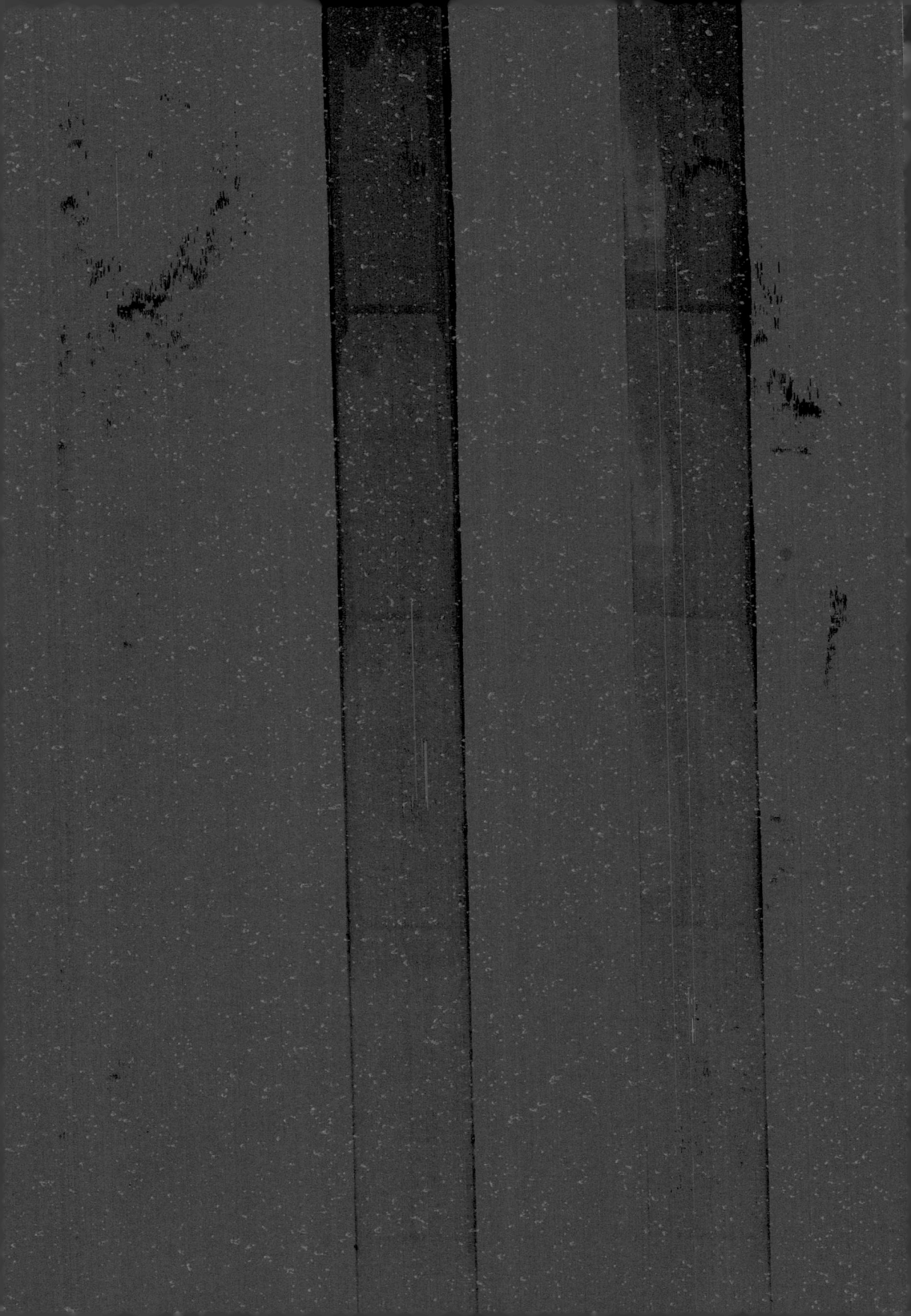

2011
国务院发展研究中心研究丛书

危中有机

后危机时期对外开放的战略机遇

Strategic Opportunities for
China in the wake of Global Crisis

隆国强 主编　胡江云 执行主编

DRC
国务院发展研究中心
研究丛书

中国发展出版社

图书在版编目（CIP）数据

危中有机：后危机时期对外开放的战略机遇/隆国强主编.
北京：中国发展出版社，2011.8
（国务院发展研究中心研究丛书，2011）
ISBN 978-7-80234-688-8

I. 危⋯ Ⅱ. 隆⋯ Ⅲ. 对外开放—研究—中国 Ⅳ. F125

中国版本图书馆 CIP 数据核字（2011）第 122671 号

书　　　名：危中有机：后危机时期对外开放的战略机遇
主　　　编：隆国强
出 版 发 行：中国发展出版社
　　　　　　（北京市西城区百万庄大街 16 号 8 层　100037）
标 准 书 号：ISBN 978-7-80234-688-8
经 销 者：各地新华书店
印 刷 者：北京科信印刷有限公司
开　　　本：700×1000mm　1/16
印　　　张：12
字　　　数：150 千字
版　　　次：2011 年 8 月第 1 版
印　　　次：2011 年 8 月第 1 次印刷
定　　　价：30.00 元

联 系 电 话：(010) 68990630　68990692
购 书 热 线：(010) 68990682　68990686
网　　　址：http://www.develpress.com.cn
电 子 邮 件：bianjibu16@vip.sohu.com

"后危机时期我国对外开放的战略机遇"
课题组

课题负责人：隆国强

课题协调人：胡江云

课题组成员：张小济　赵晋平　张　琦　张丽平

　　　　　　许宏强　方　晋　吕　刚

为加快实现经济发展方式转变献计献策

当前，我国社会主义现代化事业又到了一个历史关键时期。一方面，经过建国以来 60 余年特别是改革开放 30 余年的发展，我国已经成功实现了从低收入国家向上中等收入国家的历史性跨越，现代化建设站在了新的历史起点上。下一个奋斗目标，就是要实现从上中等收入国家向高收入国家的转变，为在本世纪中叶基本实现现代化的宏伟目标打下坚实基础。而另一方面，也必须清醒看到，经过几十年的发展，我国粗放发展模式所积累的矛盾越来越大，发展不全面、不协调和不可持续的问题也越来越突出。这些问题不仅使我们的发展质量大打折扣，与我们的发展宗旨不相适应，也大大制约了发展的可持续性。因此，加快实现经济发展方式转变，为经济社会的长期平稳较快发展奠定基础，不仅是当前及今后一个时期我国经济社会发展的关键举措，也是决定我国现代化事业命运而必须完成的重大历史任务。

从国际视野来看，转变发展方式并不是中国所特有的事情，而是一个国家工业化、现代化过程中都要经历的事情，特别是对于落后国家的赶超式现代化而言更是如此。大量的国际经验说明，在后发国家的现代化过程中，与从低收入向中等收入的发展过程相比，从中等收入向高收入的发展过程风险更大，困难也更多，搞得不好，很容易掉入所谓的"中等收入陷阱"。正因为如此，从当今世界范围来看，曾经成功启动工业化、现代化，并成功实现从低收入向中等收入转变的国家并不少，但真正能够推动现代化进程持续不断进行下去并最终进入高收入国家行列的并不多。不少后发国家在启动现代化进程后，最初的发展势头相当不错，但后来却出现停滞，甚至发生逆转。保障发展持续性的关键，就是要适应发展阶段的变化，及时转变经济发展方式，化解结构矛盾，创新竞争优势，平衡利益关系，维护社会稳定。

十多年来的实践证明，转变经济发展方式是一件知不易行甚难的事情。这是因为，其一：发展方式并不是独立存在和运行的，而是由体制模式和社会环境所内生决定的，有什么样的体制模式和社会环境，就会有什么样的发展方式。换句话说，要转变发展方式，就必须改变在其背后起决定作用的体制模式和社会环境，而这势必涉及到十分复杂的利益关系调整和重构。其二：转变发展方式还必须在短期发展与长期发展、短期利益与长期利益、短期风险与长期风险等等之间做出艰难的选择。所有这些，都决定了转变发展方式任务的艰巨性和复杂性。因此，这一艰难转变的过程中，尤其需要进一步加强相关经验、理论及政策等研究，为决策部门提供高质量决策咨询建议。

作为国务院直属的政策研究和咨询机构，国务院发展研究中心的主要职责就是研究国民经济、社会发展和改革开放中的全局性、综合性、战略性、长期性、前瞻性以及热点、难点问题，为党中央、国务院提供政策建议和咨询意见。近几年来，适应我国发展阶段及主要矛盾、主要仼务的变化，国务院发展研究中心把贯彻落实科学发展观、推动转变发展方式作为政策咨询研究工作的重中之重，紧紧围绕调整经济结构、促进科技创新、协调经济发展与自然环境、社会发展及改善民生的关系等重大重点问题开展咨询研究工作。在为党中央国务院提交政策咨询建议的同时，每年也形成一批内容丰富、有深度、有见解的研究报告。这些研究报告的研究领域虽有不同，有的宏观一些，有的中观甚至微观一些，有的偏重理论分析或国内外经验的总结，有的则针对我国经济运行中的某个具体问题开展调查研究，但它们都有一个共同点，那就是紧紧围绕并服务于促进科学发展和推动转变发展方式这一时代的主题。

现在，我们将这些研究报告择优出版，其目的就在于使这些研究成果在为党中央国务院决策服务的同时，也能够为地方政府、相关部门、相关企业、研究机构以及社会各界提供服务，并能够在推动与贯彻落实科学发展观、促进发展方式实质性转变相关的重大问题研究中发挥积极作用。我们诚心期望各级领导同志和广大读者，和我们一起共同对《丛书》这一刚刚出土的新竹关心、培育，提出改进和提高的宝贵意见，以期年复一年，越办越好。

国务院发展研究中心主任 李伟

2011 年 7 月

前言
Foreword

　　始于美国的次贷危机最终演变为全球金融危机。这场危机对世界经济金融产生了深远的影响。面对金融危机，世界各国均采取了多种措施，应对危机的冲击。中国政府决策早、出手快，及时地采取了应对危机的一揽子政策措施，取得了良好的成效。

　　历史经验证明，重大的危机往往也蕴含大量机遇，是国际格局大调整的契机。从2007年次贷危机初露端倪之时，我们就一直密切关注美国次贷危机及其走势，我们既关注如何应对危机的冲击，同时也从中国和平发展的角度思考这场危机带给我国的战略机遇。因此，2009年国务院发展研究中心对外经济研究部组成"后危机时期我国对外开放的战略机遇"课题组，专门研究金融危机爆发后的世界经济格局变化带来的战略机遇。

　　在课题研究过程中，我们邀请了国务院发展研究中心内外的许多专家、学者和政府官员，进行多次交流和座谈，听取他们的高见。这些专家分别来自国家发展和改革委员中国宏观经济学会、国家发展和改革委员会宏观研究院对外经济研究所、国务院发展研究中心世界发展研究所、教育部教育发展研究中心、商务部国际贸易经济合作研究院、现代国际关系研究院世界经济研究所、中共中央党校、中国地质大学、中国地质科学院全球矿产资源战略研究中心、中国国土资源经济研究院、中国社会科学院俄罗斯东欧中亚研究所、中国社会科学院拉丁美洲研究所、中国社会科学院西亚非洲研究所、国家外国专家局经济技术专家司、国务院国有资产监督管理委员会企业干部一局、中共中央组织部人才局等单位。在此，对他们的积极参与和作出的贡献表示感谢。

作为政策研究机构，我们的成果呈报给了相关部门，得到政府有关部门的重视。但是，抓抢后危机时代的战略机遇，不能仅靠中央政府，各级地方政府、企业是重要主体，在有些方面比中央政府的作用更大。因此，在全社会树立机遇意识，对于我国充分利用好这场危机带来的战略机遇，是至关重要的。基于这种考虑，我们以"后危机时期我国对外开放的战略机遇"课题为基础，将相关研究成果整理出版，以飨读者。报告中除了分析中国面临的战略机遇，还分析了美、日、法等国在应对危机时提出的"再制造业化"战略，作为我国的借鉴。

金融危机尚未结束，还在继续演化之中，对战略机遇的研究必然是动态的。呈现在读者面前的，是初步的研究成果，不当之处，欢迎批评指正。同时，我们期望社会各界共同来关注这个问题，共谋国家发展大计。

编　者

2011 年 6 月

目 录
Contents

第一章

抓抢后危机时期的战略机遇

历史经验证明，每一次重大的全球性或区域性危机，都蕴含着战略性机遇，导致国际格局重新洗牌。对我国而言，把握住全球金融危机所蕴含的战略性机遇，将令我国综合国力上一个大台阶。

第一节　后危机时期中国对外开放的五大战略机遇

一、提升国际市场份额的机遇

全球金融危机严重冲击了全球国际贸易，全球贸易格局处于大调整之中，为我国进一步提升在全球贸易格局中的地位，提供了历史性机遇。尽管出口大幅下滑，但我国出口在美、日、欧三大市场的份额不降反升，2009年上半年分别比2008年提高了2.6、3.5和1.5个百分点。

我国提升在新兴经济体市场占有率的潜力巨大。我国占三大市场的份额已经相当高，未来要着力提高在新兴经济体和发展中国家的市场份额。以印度为代表的一批新兴发展中经济体率先复苏，并相继进入工业化快速推进的阶段，对基础设施建设、建筑设备、工业装备等产生强劲需求，有利于我国扩大海外工程承包、增加建筑设备和成套设备等资本密集产品出口，带动我国出口增长、结构升级和出口市场多元化。

二、引进高端产业活动的机遇

中国同时拥有快速扩张的大市场与配套产业齐全的低成本制造之双重优势，对全球高端产业活动的吸引力大幅上升。我们对近 500 家在华外商投资企业的调查问卷结果显示，中国在跨国公司未来战略中的地位进一步提升，跨国公司不仅将继续把中国作为其面向全球市场的制造基地，而且计划将更多的研发活动、区域总部、先进服务业和高端制造等高附加价值的产业活动向中国转移。

表 1.1　　　　　　　　后危机时期跨国公司在华战略（%）

	所有企业	日韩企业	美国企业	欧盟企业
大力开拓本地市场	49.1	46.0	54.3	51.2
提升在华产业的技术水平	46.8	50.4	47.1	39.5
扩大对中国制造业投资	42.5	42.5	44.3	51.2
以中国为基地开拓国际市场	32.1	27.4	40.1	23.3
在华开展研发活动	31.0	21.2	34.3	39.5
与本地企业开展合作	28.2	29.2	32.9	32.6
加大对配套产业的投资	22.1	20.4	22.9	23.3
在华开展区域地区总部活动	16.0	7.1	25.7	20.9
加大本地融资	16.0	7.1	15.7	16.3
加大在华服务活动的投资	15.8	7.1	21.4	32.6
逐渐退出生产制造领域，靠技术专利授权或品牌授权盈利	2.0	2.7	1.4	0.0
其他	0.8	0.0	2.9	0.0

资料来源：国务院发展研究中心企业调查问卷，2009 年 10 月。

三、引进金融与技术人才的机遇

金融危机加剧了全球金融与技术人才的流动，为我国引进人才带来难得的历史机遇。危机前由于美国移民政策的限制，约有 1/5 的外国人才已经考虑放弃美国梦回国发展[①]。金融危机进一步加剧美国的人才流

---

① 见美国哈佛大学、杜克大学 2007 年发布的联合研究报告：《知识产权、移民积压与人才逆流：美国的移民创业者》。

出。2008 年，美国金融行业的裁员数量已超过 11 万人，科技业裁员的规模可能达到 18 万。2009 年美国失业率进一步攀高至 10%。美国金融与技术人才中，相当比重是中国的留学人员。2008 年留学归国人数近 5 万人，比 2004 年暴增 1 倍，相当于 1978 年改革开放以来留学归国总人数的 1/6 强[①]。

四、"走出去"主动整合境外资源的机遇

金融危机后，不少企业陷入资金短缺困境，中国对外投资的市场准入机会大增，为中国实现低成本海外并购提供了机遇。中国企业通过海外并购，可以主动整合外部资源与市场，低成本获取海外的资源、技术、研发能力、国际品牌与国际市场渠道，大大提升我国企业的创新能力与国际竞争力。

五、提升我国国际影响力的机遇

金融危机引发全球治理结构的改革，我国相对实力和国际影响力明显上升。二十国集团（G20）取代八国集团（G8）成为全球经济治理结构的新平台，我国是 G20 中的重要成员，具有较大的发言权。在后危机时期的全球金融监管、货币体系改革中，我国的影响力明显上升。抓住后危机时期的战略机遇，加快提升我国综合国力，进一步发挥在全球经贸、金融体系改革中的建设性作用，有利于未来构建一个更加公正合理的国际经济秩序和建设一个对我和平发展有利的良好外部环境。

除上述五大机遇外，后危机时期还将带来很多其他的机遇。例如，方兴未艾的新技术革命也会促进我国相关技术与产业的发展，应对气候变化将推动我国产业结构调整。

---

① 中国国家外国专家局的内部资料：《国际金融危机背景下相关国家和地区高层次人才流动趋势调研报告》。

第二节　抓抢战略机遇的政策建议

一、牢固树立抓抢后危机时期战略机遇的强烈意识

后危机时期国际产业的大调整、大重组，蕴含着极大的战略机遇，是我国新世纪战略机遇期中的黄金期，但机遇之窗持续时间也是有限的。全国上下需要统一认识，牢固树立抓抢战略机遇的强烈意识与紧迫感。树立抓抢战略机遇的目标，力争在未来五年左右时间里，使我国际分工地位、综合国力和国际影响力得到大幅提升。

二、在扩大与深化对外开放上采取大举措

当前我国开放的基本格局是约十年前加入 WTO 谈判时大体确定的，与我国目前在国际分工中的地位、综合国力、国际竞争力和转变经济发展方式等要求相比，已经明显滞后。我国应该像当年加入世界贸易组织那样在对外开放方面有大思路、大举措，将我国的对外开放推向一个新高度。

三、着力打造具有国际竞争力的投资环境，大力吸收高端产业活动与生产要素

充分发挥我国在市场规模与潜力、产业集群、劳动力素质等方面的优势，用高效的政府服务与管理、透明稳定的政策、严明的法治、平等的市场竞争、低成本的融资环境等来打造出一流的投资"软环境"。一是要大幅度减少对外资并购的不必要的限制，扩大服务领域的对外开放，大力吸引先进制造业、高端服务业、研发活动等；二是提高政策的透明度与可预见性，大力推进投资便利化；三是要加强市场监管与执法的公平性、一致性，避免执法的随意性和差别性；四是要加强知识产权的保护；五是要深入研究不同产业活动的特点，有针对性地设计相应的政策，把鼓励外资企业研发创新等政策真正落到实处；六是要进一步发挥特殊功能区的独特作

用，针对全球供应链的高端价值环节设立专门的功能区，打造吸引高端价值活动的新平台；七是针对引进境外高端人才，在工作环境与条件、出入境管理、家属就学就医、住房等多方面采取一揽子措施，打造对高端人才富有吸引力的工作与生活环境；八是采取多种措施引进海外高级人才。

四、大力鼓励与支持企业"走出去"，主动整合全球资源

我国应该尽快制定对外投资的综合战略，推进制度创新，统筹工作，整合资源，形成合力。一是要从国家和平发展的战略高度，研究制订对外投资的中长期规则，明确对外投资的目标、重点地区、重点产业和政策手段；二是大力改革对外投资的审批管理体制，下放权力，简化程序，提高效率，从注重事前审批转变为全程监管；三是建立与完善对外投资服务体系、统计体系和监测体系，强化对走出去企业在投资机遇、市场开拓、风险警示等方面的指导；四是加大对企业"走出去"的扶持力度，综合运用财政政策、政策性金融、政治外交等多种扶持措施，运用外交、经济等手段，加强我海外利益保护；五是建立企业跨国经营的体制环境，在外汇管理、资金管理、税务制度、人员出入境管理等方面采取综合改革；六是完善对外投资风险防范机制，降低境外投资风险；七是加强双边投资保护，避免双重征税；八是加强部门间、各级政府的协调，整合官、产、学、研资源，形成合力。

本章完成人：隆国强。

第二章

抓住机遇，提升我国在全球
经济治理中的地位

全球治理指的是通过具有约束力的国际规则，对全球性问题加以解决，以维持正常的国际政治经济秩序。由于改革开放的时间还不长，中国参与全球治理只是一个后来者。但随着中国综合国力的上升以及金融危机爆发后国际经济秩序处于大的调整之中，给我国提升在全球治理中的地位带来重要机遇。如何利用现有的优势，抓住机遇，提升我国在全球经济治理中的地位，是我们必须认真研究的问题。

第一节　中国国际经济地位的上升与参与全球经济治理

进入新世纪以来，中国进入了工业化和城市化快速发展阶段，经济总量和结构都发生了质的飞跃，在世界经济中发挥越来越重要的作用。自2007 年起，中国就已经成为对世界经济增长贡献最大的国家。2010 年中国经济总量超过日本，成为全球第二大经济体。

在 2001 年加入世界贸易组织之后，中国对外贸易高速发展，成为全球重要的制造基地和加工中心。2009 年货物贸易总额已经跃居世界第二，其中出口排名世界第一，进口排名世界第二。中国的钢铁、煤炭、水泥、汽车、造船、纺织、服装、电子等诸多产品的产量均位居世界第一，是名副其实的"世界工厂"。中国大量进口工业化和城市化所需要的原材料、资本品和消费品，成为拉动世界经济特别是周边国家以及广大发展中国家经济增长的重要因素。

由于兼具低成本和大市场的双重优势，中国连续多年成为吸引外商直接投资最多的发展中国家，2009 年中国吸收外资额仅次于美国，在全球排第二位。随着企业"走出去"进程的加快，中国正迅速成长为重要的对外投资国。据联合国贸发会议估计，2010 年起未来三年中国将成为仅次于美国的全球第二大对外投资国。受益于长期的经常项目和资本项目"双顺差"，中国外汇储备连年增长，目前已超过 3 万亿美元，排名世界第一，是稳定全球金融市场的重要力量。

随着综合国力和国际地位的显著上升，中国也以更加积极的态度参与到全球治理当中。一方面，随着中国融入经济全球化的程度不断加深，中国开始具有全球利益，而其他国家和地区的政策变化和经济波动也会直接和间接地影响到中国，为了更好地维护自身利益，中国必须参与到全球治理当中。另一方面，随着中国对世界经济的影响越来越大，其他国家也要求中国承担更多的国际义务，或是帮助其他国家发展，或是借助中国的力量解决问题，因此也愿意让中国参与全球治理。

中国积极参与全球经济治理的一个重要表现就是参与的国际组织数量显著上升。2007 年，中国参与的国际组织数目已经达到 1753 个，在全球排名第 36[①]。而且，有越来越多的中国人开始担任国际组织的高级管理人员。如林毅夫担任世界银行首席经济学家，朱民担任 IMF 总裁特别顾问，张月姣担任世界贸易组织上诉机构大法官等等。这些都代表着中国影响力与话语权的提升。

除了正式的条约性国际组织之外，中国也十分注重参与论坛对话型的国际组织。如二十国集团（以下简称 G20），中国就是创始成员之一，现

---

① 王逸舟、谭秀英主编：《中国外交六十年》，中国社会科学出版社 2009 年版。

在已经逐步发展成为全球最重要的经济对话平台，中国关于应对国际金融危机和改革国际经济体系的一些重要观点，都是通过 G20 这个平台发表的。再比如，中国虽不是 77 国集团成员，但一贯与该组织保持良好关系，全面参与其各项活动，形成了"77 国集团 + 中国"的合作模式。在国际气候谈判中，"77 国集团 + 中国"成为代表发展中国家利益的主要力量。

除了全球层面之外，中国也充分利用区域合作的方式参与全球治理。2010 年 1 月 1 日，中国—东盟自贸区全面建成，成为全球人口最多的自由贸易区。随着中国与东北亚地区的韩国、日本的自贸区建设进入官方程序，与亚太地区的澳大利亚、新西兰自贸区建设取得积极进展，一个覆盖整个东亚地区、全球第三大贸易集团有望建成。中国还积极参与其他地区的区域合作，如成为南亚国家联盟和美洲国家联盟的观察员，并正式成为美洲开发银行成员等。中国—非洲合作论坛则成为中国与整个非洲加强对话与合作的平台，有力地促进了中非关系的发展。

随着中国融入世界经济体系的程度和综合国力的上升，中国参与全球经济治理的目的和作用也在不断发生变化。改革开放初期，中国就积极参与国际经济组织，如恢复在国际货币基金组织（IMF）和世界银行的合法席位，成为关税及贸易总协定的观察员等等。这时候参与的目的主要是创造一个良好的外部环境，充分学习和利用国际规则和制度来为国内的经济建设服务。随着中国国力的不断提升，中国参与国际组织的力度更大，而且还根据国际形势的变化，积极构建周边的地区性国际组织，如亚太经合组织与上海合作组织等。进入新世纪以来，以加入世界贸易组织为标志，中国经济全面融入世界经济。随着中国经济影响力的显著上升，中国开始以一个负责任大国的形象，主动参与国际组织规则的改革和完善，推动国际秩序和全球治理向更公正和更合理的方向改变。

未来一段时期，如何在已经取得较大进展的基础之上，抓住国际经济秩序调整的机遇，进一步提升我国在全球治理中的地位，我们可以借鉴历史上其他国家的经验和教训。

第二节　从国际经验看后发国家提升
国际地位的基础和条件

16 和 17 世纪，随着航海大发现和民族国家的形成，揭开了大国争夺国际秩序主导权的历史。过去的 400 年间，大国兴衰更替，此起彼伏。总结其经验教训，可以看出后发国家提升国际地位需要具备三个条件。

第一个条件是自身实力要具备。这里的实力指的是一个国家的综合国力，包括政治、经济、军事、外交、科技、文化等方面的资源，以及在国内和国际运用这些资源的能力。其中经济实力是核心，因为它提供了一个国家的物质基础。美国历史学家保罗·肯尼迪在《大国兴衰》一书中总结道：一个国家的经济和生产能力与该国在国际体系中的地位存在明显的因果关系。近代欧洲海洋霸权先后从葡萄牙转到西班牙、荷兰，最后到英国，欧洲大陆领导权从奥地利转到法国、俄国，然后到德国，直到 21 世纪世界重心整体从欧洲转移到美国，无不反映了经济实力对比的变化。在当今世界，和平与发展是时代的潮流，国与国之间的竞争首先是经济方面的竞争，而一个国家开展对外交往的主要目的也是为了维护本国的经济利益，以及为本国经济建设创造一个良好的外部环境。因此，经济实力是一个国家开展对外交往提升国际地位的基础性条件。

以奠定当今全球经济治理的基本框架和制度的布雷顿森林协定为例。当时的美英两国为了争夺战后国际金融体系的主导权，分别提出了"怀特计划"和"凯恩斯计划"。美国"怀特计划"从当时美国拥有大量的黄金储备出发，强调黄金的作用，建议设立一个国际稳定基金组织，美元与黄金挂钩，其他国家货币与美元挂钩，"基金"的办事机构设在拥有最多份额的国家（即美国）。这个计划的实质是由美国主导该基金，并建立以美元为中心的国际货币体系。而"凯恩斯计划"是从当时英国黄金储备缺乏的困境出发，尽力贬低黄金作用，主张建立一个世界性中央银行，称"国际清算联盟"，发行一个新的国际货币，各国的债权、债务通过它的存款账户转账进行清算，"联盟"总部设在伦敦和纽约，理事会会议在英、美两国轮流举行。该计划的目的是要实行多边清算，力图维持英国在国际金融体系中的地位。经过激烈的争论，最后还是通过了以"怀特计划"为基础的布雷顿森林协定。不论从经济理论还是从后来布雷顿森林体系崩溃的实践都表明，"凯恩斯计划"可能是一个更好的选择。但当时的美国拥有全球近70%的黄金储备，GDP占全球一半，实力决定了最后通过的只可能是反映美国利益的方案。

但是光有客观实力是不够的，在主观上还要有积极参与国际体系和扩大自身影响力的意愿，这是后发国家提升国际地位的第二个条件。不论是所谓的国际秩序也好，全球治理也好，都是一个全球公共品。而由于公共品具有外部性，很多小国往往会采取"搭便车"的方式，但对于大国来说"搭便车"是个错误的选择。如果一个大国不参与国际事务，其国家利益很可能得不到其他国家制订的国际规则的保护，或是其他国家不能有效地实施全球治理，造成国际秩序的混乱，所有国家都会受损。

以美国为例，早在1885年美国的工业产值就已经超过英国，到19世纪末美国的能源消耗量是德、法、奥、俄、意和日本等国的总和。但这时候的美国仍专注于内政，不出席国际会议，被当作二流国家对待。1880年土耳其缩减其驻外机构，把驻瑞士、比利时、荷兰和美国的大使馆关闭①。可见在该国眼中，美国的重要性和欧洲小国等同，尽管美国的经济总量不知要比这些小国大多少倍。

尽管第一次世界大战协约国是靠美国才获胜，而且美国也提出了建立以保障国际和平与促进国际合作为宗旨的国际联盟的主张，但受到国内孤立主义思想的影响，美国最终没有参加国际联盟，放弃了对国际事务的参与。而实力受到严重削弱的英国和法国继续在国际体系中扮演领导角色，既不能恢复世界经济繁荣，也无力阻挡法西斯势力兴起，终于导致了经济

---

① 引自亨利·基辛格：《大外交》，顾淑馨、林添贵译，海南出版社1998年版。

大萧条和第二次世界大战，包括美国在内的所有国家都深受其害。第二次世界大战结束之际，美国意识到不能再重蹈覆辙，必须积极参与国际事务、重塑国际体系，凭借自身绝对的实力，终于成为战后主导国际秩序的超级大国。

在具有了充分的实力和主观的愿望之后，后发国家如果想迅速提升自身的国际地位，还必须抓住国际秩序调整带来的重大机遇，这是第三个条件。每隔一段时期，或是因为力量对比的变化，或是因为领先国家内外部矛盾的激化，在一些突发事件的催化之下，国际秩序都会出现大的调整。如果后发国家能够抓住调整的契机，积极参与国际秩序的重建，就能使自身的国际地位产生质的飞升。反之，在国际秩序相对稳定的时候，即使一个国家实力上升得再快，有再强的参与国际事务的愿望，现行秩序的主导国家最多在国际事务的增量部分做出一定让步，说不定还会利用现有优势打压后发国家。

19世纪中叶德国的崛起就是在当时欧洲神圣同盟体系崩溃的条件下，充分利用了列强之间的矛盾，在经济和外交上孤立对手，在军事上战而胜之，完成了国家统一。同时又抓住了第二次工业革命的契机，经济快速发展，一跃而成为欧洲大陆最强国。20世纪30年代的苏联，则利用资本主义世界经济大萧条和帝国主义之间的矛盾，经济上实现了工业化，政治上则打破了西方封锁，在二战胜利之后更成为主导国际秩序的另一超级大国。

第三节　提升我国在全球治理中地位面临有利条件和障碍

2008年发端于美国的金融危机是20世纪30年代以来最严重的一场金融和经济危机，对世界经济格局和发展态势产生了深远的影响。对于中国而言，这场危机给中国提升国际经济地位、更好地参与全球经济治理带来了两个有利条件。

第一，金融危机改变了世界经济格局，使中国的相对地位和影响力显著上升。金融危机爆发以来，我国在全球主要经济体中率先实现经济向好回升，并且采取了一系列积极扩大内需的措施，不但为全球树立了抗击危机的典范，而且有力地带动了其他国家的经济复苏。从长期来看，中国正处于工业化和城镇化快速发展时期，如果能进一步推动市场化改革，可以在相当长的时间内继续保持高速增长。而主要发达国家受到金融危机的重创，金融体系恢复需要较长时间，而且在金融改革的大背景下，未来通过信贷扩张推动经济增长的空间受到限制。从长期来看，发达国家普遍面临人口老化和债务激增的双重压力，增长前景并不乐观。

增长前景的差异使我国与发达国家的差距有所缩小。例如，最早提出"金砖四国"概念的美国高盛公司当时曾预计中国的经济总量将于2050年超过美国，随着中国经济在2003～2007年期间的高速增长，中国超过美国的时间点被提前到了2041年，而金融危机爆发后，超过的时间点再次被提前到2030年。2005年时我国GDP总量只有日本的一半，原来普遍预计要到2015年才能超过日本，但2010年中国就已超过日本，成为全球第二大经济体。而到2015年，预计中国GDP将超过日本50%以上。

随着中国绝对实力和相对实力的提升，其他国家特别是发达国家也不得不借助于中国的力量，使中国在全球治理中的话语权和发言权明显提升。IMF和世界银行已经计划将中国在两个机构中的份额分别从现有的4%和2.8%提高到7.5%和4.2%，其中后者已经落实。中国持有的3万亿美元外汇储备，是稳定国际金融市场的重要力量。随着发达国家相继陷入债务危机，不断有国家希望中国能够购买其国债，稳定其金融市场。还有的国家向中国开放原来控制较严的资源和能源产业，希望能得到中国的资金以发展经济。

第二个有利条件是国际经济秩序面临调整，给中国参与全球治理、重塑国际秩序提供了一个机遇。现行的全球治理机制诞生于二战之后，反映的是当时的世界经济政治格局，目的是要解决当时世界面临的主要问题，随着时间的推移，已经越来越不能适应当今世界形势的发展。以布雷顿森林体系的三大机构为例，IMF 一直都没能有效防范金融危机，在反危机中的作用也一直被发展中国家所诟病；而世界银行减贫的作用十分有限，如果不是中国和印度两国经济快速增长，全球贫困人口的数量和比例实际上是不断上升的；只有世界贸易组织成功地推动了全球贸易的发展，但多哈回合谈判迟迟不能取得进展，多边贸易自由化进程也一直受阻。

2008 年发端于美国的国际金融危机充分暴露出现有全球治理机制的缺陷，不仅发展中国家对改革当前不合理、不公正的国际经济秩序愿望很强烈，在发达国家内部改革呼声也很高。在这样的大背景下，2009 年 9 月 25 日，G20 匹兹堡峰会宣布，G20 将代替八国集团，成为国际经济合作与协调的首要全球性论坛。这标志着国际经济秩序由少数发达国家主导开始向发达国家与新兴经济体共同协商转变。

进入新世纪以来，世界经济一个重要的变化就是新兴经济体的群体性崛起，特别是一些新兴大国如印度、巴西、俄罗斯、南非等国家，在世界经济中发挥了越来越重要的作用。尽管金融危机也给新兴经济体和发展中国家带来了较大影响，但由于宏观经济基本面比较好，再加上在中国等新兴大国的带动下，新兴经济体和发展中国家总体恢复较快。目前，新兴经济体处于经济快速发展阶段，相互贸易和投资越来越多，对国际经济事务有共同的诉求，彼此之间也有加强合作的愿望和基础，可以成为未来中国参加全球治理重点依赖的力量。

本章第二节曾分析过，后发国家要想提升自身的国际地位，需要满足三个条件。现在，经济实力的大幅上升以及国际经济秩序面临调整这两个条件中国已经具备了，我们所欠缺的是积极参与全球治理的主观愿望，这是中国抓住当前机遇、提升自身国际地位面临的主要障碍。

这种意愿的欠缺主要表现在，一是对全球治理的参与还不够全面，对政府间和官方的机制参与比较积极，在非官方层面参与力度远远不够。比如说在一些重要的非政府组织和一些重要的非正式的国际会议上，尽管涉及的问题与中国密切相关，但经常听不到中国的声音。二是参与全球治理多是扮演一个被动和辅助的角色，很少积极主动地发挥重要作用。比如说，在一些重大的国际问题上如气候变化、国际货币体系改革等，尽管这些问题关系到中国的切身利益，尽管我们也认为发达国家主导的局面不合理，但我们却提不出中国版的解决方案，或是忙着替自己辩护，或是指责西方国家的错误，实际上没有发挥建设性的作用。

出现这种情况的原因是多方面的。首先，我们对自身的经济实力和国际影响力缺乏信心。尽管经济总量增长很快，但很多人认为中国仍是一个贫穷落后的发展中国家，经济发展水平较低，经济增长质量不高，与发达国家差距仍然很大。其次，很多人认为中国未来的发展前景还不明朗，资源环境的压力逐步增大，各种社会矛盾比较突出，自己的问题都没解决好，哪有精力去处理国际上的事情呢？第三，也有人认为即使实力有了很大提高，中国仍然应该坚持"韬光养晦"的方针，如果过于积极很可能会承担过多的国际义务，落入西方国家"中国责任论"和"中国威胁论"的陷阱。

此外，我国参与全球经济治理的"软能力"、"软实力"不足，也影响到我国在全球治理中作用的发挥。总体而言，中国在经济等硬实力方面的建设取得了很大成就，但在软实力建设方面的差距还比较大。软实力指的是一个国家制度和发展模式的吸引力、文化和价值观的感召力、国家和国民形象的亲和力释放出来的无形影响力。这种影响力如果运用得好，可以在很大程度上改善一个国家的外部环境，提升其国际地位。我国综合国力和国际影响力的显著提升只是近些年的事情，而硬实力向软实力的转化是需要时间的。由于过去我们对参与全球治理的能力建设投入不足，造成了理论和人才储备的匮乏。

为什么西方国家能在短时间内提出"中国责任论"和"中国威胁论"并蛊惑一部分人？是因为他们具有话语权和理论储备，可以迅速地根据形势的变化提出新的理论和概念来遏制中国的崛起。为什么我们提不出系统性的理论来反驳西方或是针对重大的国际问题提出中国版的解决方案，或是提出来了国际上也听不见？是因为我们长期对这些问题缺乏研究，缺乏投入。许多重要的国际场合希望听到中国的声音，许多国际组织希望增加中国雇员，但我们派不出合格的人，中国的话语权和影响力也就无从体现。这是中国参与全球治理、提升国际地位的又一个障碍。

需要说明的是，西方国家不会心甘情愿地放弃自己在国际经济中的主导地位，如果中国愿意按照西方的规则和意愿办事，发达国家可能会在国际经济治理中向中国让渡部分权利。否则，他们可能会利用其话语权和规则制订方面的现有优势，对中国以及其他发展中国家的崛起设置障碍。比如说，西方提出"中国威胁论"，把中国的发展看成是对其他国家的威胁，如指责中国大量排放温室气体造成全球变暖，人为压低人民币汇率导致全球失衡进而引发了国际金融危机，在非洲投资是搞新殖民主义等等。或者承认中国有发展权，但要求中国按照西方的规则办事，承担一定的国际义务。比如说，像发达国家一样对温室气体进行强制减排，让汇率大幅升值以平衡全球经济等等，而且中国不仅自己应该这样做，还应该利用自身影响力动员其他发展中国家也这样做，如果中国不这么做，中国就不是一个"负责任的大国"。应该说，西方的这些观点在国际上包括在一些发展中国家还是有一定市场的。比如说，在气候变化问题上，由发展中国家组成的小岛国联盟就认为中国做得不够。在汇率问题上，也有许多发展中国家包括一些新兴大国要求人民币升值。因此，我们既要看到国际经济秩序面临调整带来的机遇，也要看到西方国家力求维持其主导权可能给我们设置的障碍，在制订提升我国在全球经济治理中地位的政策时，要充分考虑到西方国家的矛盾心态。

第四节　提升我国国际经济地位、积极参与全球经济治理的基本原则和政策建议

一、提升我国国际经济地位、积极参与全球经济治理的基本原则

1. 抓住机遇，有所作为

经过30年的快速发展，中国的综合国力特别是经济实力有了显著上

升，参与全球经济治理已打下了很好的物质基础。2008 年国际金融危机爆发后，长期在世界经济中处于主导地位的发达国家实力受到了一定削弱，要求改革现有国际经济秩序的呼声也越来越高。中国应充分抓住这一历史性机遇，坚定信心，积极进取，有所作为，在未来国际经济秩序的变革当中抢占有利位置。历史经验表明，决定一个国家国际地位和影响力的基础是其相对于其他国家的综合国力，而国际秩序的调整是后发国家提升其国际地位的重大机遇。不能因为中国人均收入水平低，国内问题多，就错失参与全球治理的良机。同时，我们也要看到和主要发达国家之间的差距以及对方可能采取的遏制手段，团结一切可以团结的力量，形成合力，谋求共同发展。

2. 利益为重，责权相配

参与全球治理，必须以国家利益为重，一切从维护和争取国家利益的高度出发。需要说明的是，中国的国家利益并不局限在境内，随着中国参与经济全球化程度的加深以及国际影响力的上升，中国的国家利益早已延伸到境外。把自己的事情做好，不仅是要把我们国内的问题处理好，也要把我们在国外的事情做好，否则我们的国家利益就要受损。同时要协调好当前利益和长远利益的关系，只要是符合国家长远利益的事情，哪怕眼前没有利益甚至要吃亏，我们也不能放弃。

积极参与全球治理必须坚持量力而行，做到权利和义务的对等。作为一个后来者，中国在国际规则制订当中的影响力和发言权还很小，我们不能承担与我们享有的权利不对称的国际义务。如果其他国家要求中国承担更多的国际义务，那我们就必须要求对方给中国让渡更多的权利。但我们也不能只想着光得好处、不尽义务，在全球化、信息化高度发达的今天，这样根本做不到，别的国家也不可能允许。经过 30 年的发展，中国已经积累了一定的物质基础，探索出了一条独特的发展模式，我们应该有勇气要求改革现有的不合理的国际经济秩序，提出自己的解决方案并身体力行，同时带动和帮助其他发展中国家共同发展。

3. 全面参与，重点突出

全面参与全球经济治理，凡是和中国相关的机制我们都要参与，凡是涉及中国的场合我们都要参加，不论是官方层面还是民间层面，不论是多边机制还是地区或双边机制。在全面参与的基础上要突出重点，重点应该是周边国家和地区、新兴经济体和发展中国家，以及可以快速提升中国地位的治理机制。比如说，我们要不断提升在 IMF 和世界银行的发言权，但不论份额提高多少，都不可能在短期内撼动发达国家的主导地位。而 G20 作为一个全新的机制，发达经济体和新兴经济体数量相当，基本上可以平等对话，有利于中国团结新兴大国，实现中国的国家意志，应该成为中国重点参与和扶持的治理机制。

4. 软硬结合，刚柔并济

在历史上，作为一个五千年的文明古国，中国为世界和人类发展作出了重要贡献；在今天，作为世界上最大的发展中国家和市场转轨国家，中国在短短几十年内取得了辉煌的建设成就，探索出了一条独特的发展道路。中央在"十二五"规划建议中明确提出，要"提升国家文化软实力"，"增强中华文化国际影响力和竞争力"。现在需要做的就是在中国的历史积淀和现有的硬实力基础上提升国家软实力，做到软硬结合、刚柔并济，为提升中国在全球治理中的地位加一把力。

5. 加强研究，人才为本

不论是在重大国际问题上提出中国版的解决方案，还是逐步建立中国主导的全球和地区治理体系，或是加强软实力建设，都必须建立在坚实的理论和科学的研究基础之上。长期以来，我们对社会科学领域特别是国际问题的研究投入相对较少，理论储备不足。面对西方的话语权优势，我们提不出自己的理论，只能按照对方的思路为自己辩解，结果往往会坠入其逻辑陷阱。面对西方提出的"中国威胁论"、"中国崩溃论"、"中国责任论"等等，我们完全可以提出一套自己的"中国机遇论"，即论证中国的发展为什么对世界是一个机遇，而不是一天到晚按照对方设定的逻辑去为自己辩解。

但是，不论是从事理论研究，还是把理论研究的成果付诸实施，归根结底还是需要人来完成。而我们现在恰恰是缺乏能够实现积极参与全球治理、提升我国国际地位目标的人才，特别是那些既具有专业知识又懂得国际关系的复合型人才。过去西方国家是不给我们机会，现在别人愿意在国际场合听到中国的声音，愿意在国际组织中增加中国籍雇员，但我们派不出人，那又如何体现中国话语权和影响力的提升呢？未来，我们必须下大力气加强理论方面的研究和相关人才的培养。

二、提升我国国际经济地位、积极参与全球经济治理的政策建议

（1）制订中国参与全球经济治理、提升国际经济地位和影响力的中长期规划，统筹协调现有的对外经济政策，包括贸易、投资、金融、经济合作、对外援助等等，明确目标和分工，实施统一的方针和政策，加强参与全球经济治理的组织和机制建设。

（2）团结新兴大国，积极主动在重大国际问题上加强政策协调，通过集体地位的上升谋求自身的发展。

（3）要求改革现有不合理、不公正的国际经济秩序，在各项经济治理机制中提升中国及新兴大国的话语权和影响力，对重大的国际经济问题，如气候变化、国际货币体系改革、多哈回合谈判等，提出中国版的解决方案和中国自身的行动方案。

（4）建立参与全球治理的双轨制：在现阶段应以参与现有的、发达国家主导的全球治理机制并尝试从内部将其改造为主，但也要逐步探索建立中国模式和中国主导的全球和地区治理体系。

（5）在积极参加政府间国际组织的同时，广泛参与非政府间国际组织，提升中国本土非政府组织的国际地位和国际影响力。

（6）加强 G20 机制化建设，支持在新兴经济体设立秘书处，逐步建立议事规则和决策程序，将 G20 建设成为全球经济治理的首要机制。

（7）积极实施自由贸易区战略，加强与周边国家经济合作，提升东亚地区经济一体化水平，加速推进人民币区域化。

（8）扩大对外经济援助的广度和力度，完善中国对外志愿者服务体系，扩大中国文化产品和服务出口。

（9）改对外宣传为对外公关，实施中国国家形象公关战略，用外国人听得懂的语言、能够接受的方式，介绍中国的历史、文化、发展道路、取得的成就、对世界的贡献、对未来世界和人类发展的思考等等。

（10）加大力度资助各种国际组织，推动中文成为更多国际组织的工作语言，为国际组织增加中国籍雇员创造条件，鼓励国际组织把总部或地区总部设在中国。

（11）加大对社会科学领域特别是国际问题领域的研究投入，大力开展相关领域的国际交流合作，资助国外主流研究机构研究中国提出的理论和政策。

（12）大力加强社会科学特别是国际问题领域的人才培养和引进工作，把国际交流合作人才的培养纳入国家中长期人才规划，把引进相关领域的人才工作纳入中组部的"千人计划"，建立吸引国际组织、跨国公司高级中国籍雇员进入国内政府部门、事业单位工作的人才回流机制。力争到2020年，形成一批在国际问题领域具有全球影响力的理论家和活动家，在各行各业培养和引进一大批具有国际视野、具备开展国际交流合作能力的专业人才。

本章完成人：方晋。

第三章

抢抓机遇，吸引国际高端
产业活动转移

金融危机促使全球新一轮技术革命和结构调整加速推进，跨国公司加强全球生产布局调整和供应链整合，在国际跨境投资恢复增长中，新兴经济体承接国际高端产业活动转移面临难得机遇。

依照转变经济发展方式的客观需求，我国应从战略高度认识提高外资质量的重要性，及时调整外资政策，采取多种政策手段创造更加开放、优化的投资环境，尽快形成新的综合竞争优势，抓抢国际高端产业活动转移的发展机遇，提升在国际分工中的地位。

第一节　我国提高吸收外资质量的紧迫性增强

一、我国吸收外资的规模和水平不断提高

为把握经济全球化和国际产业转移的机遇，我国实施积极吸引外资政策，利用外资规模持续增长，在全球的重要性不断上升。

1990~2009年，全球外国直接投资存量增加7.5倍，我国外资存量增加了21.9倍，大大超过全球增幅。截至2010年7月，中国累计设立外商投资企业69.8万家，实际使用外资1.05万亿美元。尽管中国吸引外资也

受到金融危机影响，但形势好于全球和其他新兴经济体：2009 年中国实际使用外资约 950 亿美元，2010 年同比增长 17.44%，达 1057.35 亿美元，接近危机前水平（见图 3.1），全球排名自 2009 年跃升至第 2 位，已连续近 20 年位居发展中国家吸收外资首位。

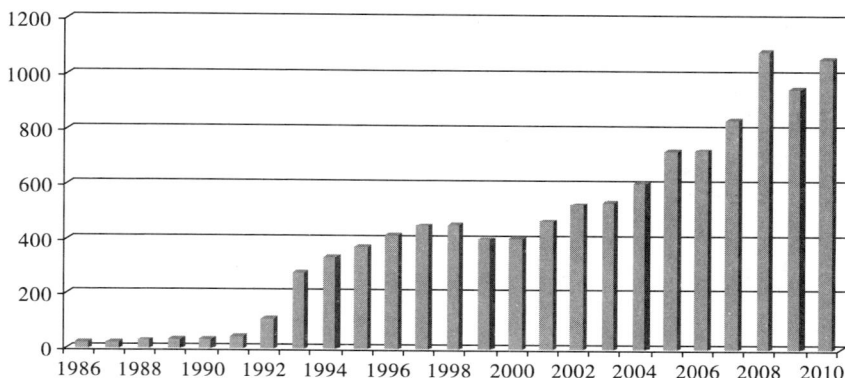

图 3.1 1986 ~ 2010 年我国 FDI 流入（亿美元）

资料来源：联合国贸发会议（UNCTAD 数据库）。

通过吸收外国投资，我国已经全面融入世界生产网络，成为全球生产体系中的重要成员。大规模承接国际产业转移不仅促进了国内制造业水平的提高、产业规模扩张、人力资本的积累，而且促进了资源的优化配置和产业结构升级。2009 年我国制造业增加值超过日本，成为世界第二制造大国。而且，外资企业成为中国经济重要的组成部分，目前我国 22% 的税收、28% 的工业增加值、50% 的技术引进、约 4500 万人的就业，都来自外商投资企业的贡献。2009 年外资企业进出口达 1.2 万亿美元，在我国对外出口中的比重为 55.9%，在我国高新技术产品和机电产品出口中的比重更是高达 88% 和 74%。此外，通过吸收外资，引进了新的管理理念，推动了我国投资环境改善和国内经济体制改革。

值得注意的是，我国吸引国际直接投资也存在一些不足。

首先，产业分布不均衡。对华制造业投资一直占我国 FDI 流入的一半以上①，金融危机爆发后 FDI 流入中制造业占比不降反升。

第二，区域布局不均衡。虽然近两年中西部地区在倾斜政策的推动下，引资的增速已明显超过东部地区，但东部沿海仍是我国吸收外资最为集中的地区，外资存量占全国的 85% 左右。

三是投资来源地过于集中。据商务部统计，2010 年对华投资前十位国家/地区（以实际投入外资金额计）依次为中国香港、中国台湾、新加坡、日本、美国、韩国、英国、法国、荷兰和德国，实际投入外资金额占全国实际使用外资金额的 90.1%。从近 10 年的引资规模看，第一梯队为美国、欧盟和日本，年均对华投资在 30 亿～50 亿美元；第二梯队为中国香港、韩国、中国台湾、新加坡等东亚新兴工业化经济体，对华投资基本保持在每年 20 亿～30 亿美元的水平②。其他新兴经济体对华投资近年来呈总体上升趋势，印度、巴西、俄罗斯等对华投资较 10 年前有大幅提高，但规模仍普遍较小，基本在不足 1 亿美元的水平。

四是投资方式不均衡。对华投资以绿地投资为主，并购方式吸收的外资总额和项目规模都较小。据商务部统计，2008 年以并购方式吸收外资 20.8 亿美元，占全国新增非金融类外商直接投资的 2.25%，且项目规模普遍较小，1000 万美元以下的并购案例占总量的 84.63%，1 亿美元以上的并购案例只占 0.71%。

二、转变经济发展方式对提高吸收外资质量提出新要求

利用外资，是我国对外开放和总体经济发展战略的重要组成部分。"十二五"期间，为应对日益复杂、竞争日趋激烈的国际跨境投资趋势，为满足我国国内加快转变经济发展方式的需要，提高吸收外资质量势在必行：应从新的战略高度认识提高外资质量的战略意义，服从和服务于从追

---

① 对制造业投资，主要集中于通信及电子设备、机械设备、化工产品、汽车、纺织服装等行业，上述行业约占制造业吸收外资总额的 65% 左右。

② 2004 和 2005 年，韩国对华投资曾有大幅提升，年投资额高达 60 亿美元，在当年我国 FDI 来源地中居第三位。

求速度与规模向追求效率与效益转变的战略目标。为此，充分利用国际产业转移的新机遇，加快吸引高端产业活动、占据全球供应链中更高附加价值的环节，将有助于推动我国科技创新和产业升级、缓解资源环境制约、促进区域协调发展、加快服务业开放和发展，有助于不断提高我国在国际分工中的地位，加快经济发展方式的转变。

第二节 我国加快吸引高端产业活动面临的新机遇

一、危机后国际跨境投资发展带来的机遇

1. 国际跨境投资将出现恢复性增长

随着全球投资自由化、便利化进一步推进，跨境投资的制度环境不断改善。新世纪以来，受两次全球性危机影响，国际跨境投资出现大幅波动。此次危机更导致全球金融市场萎缩，国际资本流动显著下降，2008 和 2009 年，全球 FDI 流入量分别下降 16% 和 37%，尤其是全球跨国并购市场持续疲软，2008 年和 2009 年跨国并购交易额分别下降 35% 和 65%。历史经验表明，在全球经济走出衰退之后，国际跨境直接投资会强劲反弹、迅速增长。随着全球经济缓慢复苏和国际金融市场状况的改善，全球外国直接投资的下滑趋势得到遏制，自 2009 年下半年开始全球 FDI 流动的下滑趋势得到遏制，2010 年全球大部分地区的 FDI 流入开始恢复。

目前看，国际跨境投资复苏进程仍面临许多不确定性，主要原因是全球经济仍然脆弱，增长速度存在再度放缓的可能性；国际金融危机对全球金融体系的影响短期内难以完全消除，金融市场动荡而脆弱；投资保护主义明显抬头，将成为跨境直接投资快速回升的主要障碍。但各国都希望通过吸引外资加速摆脱危机，激烈的引资竞争有利于打破投资保护主义，进一步推动投资自由化。特别是，在国际市场激烈竞争的推动下，跨国公司将进一步加快在全球配置资源的步伐，新兴经济体吸引高端产业活动转移面临难得的战略机遇。为此，全球跨境投资的中长期前景依然看好，复苏

势头将会进一步增强。

2. 金融危机促使新一轮技术革命和结构调整加速推进

发达国家为保持全球竞争优势、长期占据产业价值链的最高端，不断进行产业结构调整和对外产业转移。此次金融危机后，发达国家加快结构调整进程，希望借发展新能源、低碳经济、信息技术和生物科技，寻找经济增长的新动力，进而抢占新一轮技术创新和产业发展的主导地位。在此背景下，新兴产业将集聚更多国际跨境投资，《2010 年世界投资报告》称，2009 年仅流入三个主要低碳行业的外国直接投资达 900 亿美元。同时，发达国家对部分新兴经济体在全球产业链中的定位开始发生变化，从廉价的加工基地转向市场与高端产业制造基地，向新兴经济体转移高端产业活动呈加速推进态势。国务院发展研究中心对外经济研究部于 2009 年开展的跨国公司问卷调查结果表明，在华投资跨国公司不再仅仅将中国作为"低成本制造基地"和成品组装基地，约 19.6% 的受访企业将中国作为公司未来战略中重要的高端制造基地。而且，在华跨国公司普遍对开发新能源和发展低碳经济寄予厚望（见图 3.2），70.6% 的受访企业认为将为国际贸易投资带来新的发展机遇。

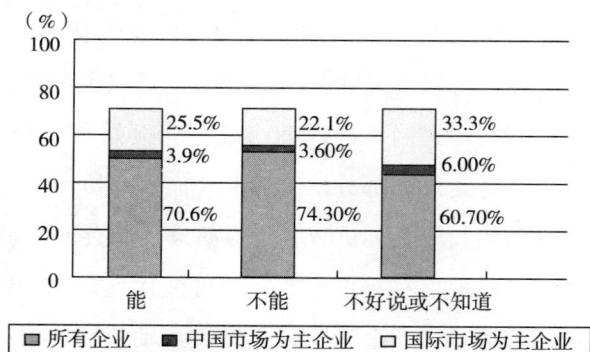

图 3.2　开发新能源和发展低碳经济将为国际贸易和投资带来的新机遇

注：源自国务院发展研究中心外经部 2009 年对跨国公司在华企业的问卷调查结果分析。

3. 跨国公司加快全球生产布局和供应链整合

近 20 年来，由于信息技术革命、贸易投资自由化大大降低了全球化生产经营和管理的成本与制度性障碍，加上市场竞争的推动作用，跨国公司的国际化生产和全球供应链加快发展。随着供应链的不断延伸和日益复杂，跨国经营成本和风险的控制难度加大。金融危机后，供应链的脆弱性有所显现，一些跨国公司的国际化生产和全球布局出现新趋势：为应对环境运输成本提升，跨国公司加快全球供应链整合，简化管理流程、依赖产业集聚的区域型供应链和市场导向型供应链地位明显上升。同时，作为国际产业转移的主要推动力量，跨国公司在全球投资复苏过程中，加快推进国际化进程，跨国并购快速反弹，2010 年全球跨国并购同比增长 16%。此外，高端制造环节的跨境转移趋势加强。如东芝为更好地争夺预计高达225 亿美元的闪存芯片市场，将于 2010 年底停止在本土生产并大规模外包低端芯片的生产。

4. 服务业的跨国产业转移进一步加快

近年来，国际产业转移的内涵和领域不断拓展，服务业 FDI 流入在全球跨境投资中的重要性迅速上升。此次金融危机，对服务业投资的影响相对较小，重要性进一步提升。据联合国贸发会议统计，2009 年制造业跨国并购同比下降 77%，服务业的跨国并购下降 57%[①]。据长期研究全球外包和离岸市场的 Everest Research Institute 统计，2010 年一季度全球信息技术领域外包业务量环比增长 43%。大型跨国企业一方面积极拓展服务外包业务，如 IBM 获得价值 13 亿美元非洲 16 国的 IT 系统集成后台服务；另一方面加快向新兴经济体转移研发和服务外包业务。例如，目前约有 60 家外国企业在智利成立客服、数据管理、调研和新产品研发中心，服务外包出口约 10 亿美元，创造就业 2 万余个。而在美国，未来两年医疗信息数字化的市场规模将达 500 亿美元，市场潜力巨大，印度 IT 服务企业正在全力争取这一外包业务。尤其值得注意的是，在服务外包趋势进一步增强的同时，跨国公司研发的国际化趋势近年来日趋强化，成为推动新一轮产业转移和经济全球化的重要力量。跨国公司研发的国际化目标更多选择发展中国家，不仅是追随生产加工环节向发展中国家的转移，更多地进行适应当地

---

① 金融服务业例外，跨国并购的下降幅度高达 87%。

市场的应用性开发，而且越来越多在发展中国家的研发工作是以全球市场为目标，成为公司核心创新研发的一部分。

二、我国转变经济发展方式的客观需求创造新机遇

1. 注重效益的集约式发展

转变经济发展方式，从主要依赖资源投入驱动的粗放发展方式，转变为以技术进步、劳动力素质提高、管理创新为主要推动力的集约式发展，将为吸引国际高端产业活动提供新机遇。以低碳经济和新能源为例，外国投资者对中国未来可持续发展中的投资潜力十分关注，希望充分发挥其先发技术和经验等优势：一方面，中国政府已经承诺到 2020 年单位 GDP 的二氧化碳排放减少 40% ~ 45%，减排力度大、涵盖领域广泛。从发展前景看，在政府的强力推动下，低碳生产的推广、节能环保技术的开发以及新能源的应用，意味着极具吸引力的市场潜力。另一方面，国内部分新能源领域已出现产能过剩迹象，跨国公司希望能够发挥其在整合资源上的先进经验。为此，节能环保和新能源领域有可能成为对华投资的新热点，促进对华投资质量的提升。

2. 加快现代服务业发展

我国服务业国际竞争力不强，服务贸易长期处于逆差状态。服务业在我国 FDI 流入中占比不足 30%，在 GDP 中的比重也低于发达国家和不少新兴经济体。作为我国未来产业调整的重点领域，扩大服务业开放、加快现代服务业发展仍有较大空间，将成为我国吸引外资投向高端服务业的新动力。

3. 促进区域协调发展

近年来，我国区域发展差距日益加剧，区域协调成为社会统筹发展的重要内容。这一点，恰与跨国公司应对成本不断上升、市场竞争压力加大而加快在华投资布局和供应链的调整相契合。不少跨国公司看重中西部地区更低的人力成本和土地成本、更丰富的自然资源、逐步完善的交通基础设施，近两年加速在华业务的整合，英特尔、富士康、通用电气、联合利

华等著名跨国公司都已开始将制造工厂向中西部地区转移。这样做，不仅有助于充分利用我国各地区的资源差别优势，推动中西部利用外资、发展经济，而且将有利于缓解东部地区人力和土地资源紧张、成本上升的压力，促进东部地区承接高端产业活动的转移。

第三节　中国具备抢抓机遇的综合竞争优势

金融危机爆发后，跨国公司在华业务受冲击相对较小，在全球市场中复苏最快、表现最为抢眼。跨国公司对中国未来发展前景普遍看好，对华业务的重视程度不断提升。

跨国公司扩大对华投资的信心，不仅源于中国率先走出经济危机和未来发展前景，更源于中国比较优势发生的显著变化。

第一，市场规模潜力巨大，成为吸引跨国投资的决定性因素。在国务院发展研究中心对外经济研究部开展的问卷调查中，跨国公司在全球供应链整合中，不仅将中国作为面向全球市场的制造基地，而且日益看重我国市场的发展潜力。在受访的在京跨国公司投资性企业看来，未来中国作为"目标市场"的重要性显著提高，有 62.5% 的受访企业将中国作为"重要市场"。目标市场已超越"生产成本"和"采购成本"，在"影响全球供应链布局的决定因素"排序中高居首位（见表 3.1）。

表 3.1　　　　　　　决定跨国企业全球布局的关键因素比较

所有企业			北京企业		
	原有布局	未来布局		原来布局	未来布局
生产成本	7.4	7.4	目标市场	7.2	7.2
目标市场	6.9	7.0	采购成本	7.0	7.2
采购成本	6.9	7.0	生产成本	6.9	6.8
物流成本	6.2	6.4	风险可控性	6.3	6.5
风险可控性	5.9	6.2	物流成本	6.0	6.5

续表

所有企业			北京企业		
	原有布局	未来布局		原来布局	未来布局
管理成本	5.7	5.9	管理成本	5.5	5.3
能源成本	5.5	5.8	能源成本	4.8	5.8

注：源自国务院发展研究中心外经部 2009 年对跨国公司在华企业的问卷调查结果分析。

第二，我国有可能在较长时期内保持相对低成本、高素质的劳动力优势，加上产业结构完整、配套生产能力强、区域范围内供应链相对完整，产业集聚和规模效益优势显著，生产效率的提高可部分抵消劳动力和土地等成本上升的压力，综合生产成本仍具全球竞争力。

第三，生产过程中的技术优势较为突出，中低端技术人才多、素质高，产业集群在应用创新方面的能力居全球领先地位。

第四，基础设施发展迅速、相对完善，物流运输较为通畅，与其他发展中国家相比，企业组织相对严密、管理水平较高。由于跨国公司对供应链的稳定性和市场适应能力等要求日益提高，我国在这方面的综合优势进一步显现。

第五，坚持改革开放政策，与世界经济的融合、互动加深，开放度不断提高，投资环境日趋改善。

为此，积极参与中国经济快速发展，成为跨国企业全球战略布局调整的重点。在我们进行的面向跨国公司在华企业的调查中，分别有 85% 和 72.7% 的受访企业表示将"维持或增加"未来五年在华采购或对华供应设备和零部件等商品；有越来越多的跨国企业考虑将中国作为"区域总部"（23.2%）、"服务基地"（19.8%），甚至是"融资来源地"（10.3%），显示出跨国公司将更多的高附加价值产业活动向中国转移，并赋予在华企业更多区域总部和提供融资等重要服务功能。

以研发为例，随着研发国际化的发展，中国日益成为跨国公司重要的研发基地。跨国公司问卷调查显示，30.8% 的受访企业对我国产业集群的研发创新能力较为看重。另据 2010 年国务院发展研究中心专题调研，近年来跨国公司在华研发机构发展迅猛，在华研发人员和研发中心规模不断扩大，最大研发机构达数千人，投资额达 10 亿美元。随着研发水平提高，虽然核心技术研发仍大多保留在跨国公司母国进行，但不少企业的在华研发中心已从面向中国本土的适应性研发逐步转向开展面向全球市场的新产品、新工艺和基础性研究等高端研发，不少已升级为全球研发中心，对母公司研发方向和研发决策的影响力不断提高。

总体来讲，金融危机后跨国公司加速对华转移高端产业活动，主要源于中国综合比较优势的显著变化：中国同时拥有快速扩张的大市场与低成本双重优势，对全球高端生产要素与产业活动的吸引力大幅上升，有利于扩大吸纳国际产业转移，将为中国提升国际分工地位提供难得的国际机遇。根据 2010 年联合国贸发会议对跨国企业的调查，中国仍是全球对外直接投资的首选地。据 2009 年英国经济学家信息部发布的《全球经济危机对商业环境的影响》报告，中国的商业环境排名提高了 11 位，且在 2009～2013 年的市场机遇评比中名列全球榜首。日本海外投资统计也可以证明这一点，日本对美国直接投资的比重从 2008 年的 33.7% 下降到 2009 年的 14.3%，同期对华投资则从 5.1% 上升到 9.2%。

第四节　挑战不容忽视

一、面临日益严峻的外部挑战

首先，发达国家结构调整和再制造化战略的影响将逐渐显现。为应对危机，欧美等发达国家在结构调整过程中提出"再制造化"战略。各国战略目标清晰，不仅有重点发展的战略产业，还为鼓励重点产业中的制造及研发企业回归，出台了全面、具体的扶持政策，有些甚至提出补贴贷款机制、创业启动基金、科研税务鼓励、引导贷款流向工业部门等一系列措施，以确立工业在国家经济中的中心地位、促进就业、加快结构调整等。这一战略的实施，有可能在一定程度上影响部分发达国家高端产业活动对外转移的进程和全球跨境投资规模的进一步扩大。

值得注意的是，金融危机后发达国家更加注重新技术和新产品的开发，虽然新技术领域的突破性进展有可能推动发展中国家的技术进步，但在新一轮技术革命竞争中，发达国家继续抢先占据主导地位并通过专利和技术保护等措施，有可能进一步拉大与我国的技术差距。《2010 年世界投资报告》强调，发展低碳经济、促进低碳投资，要充分认识其中的机遇和风险，发展中国家必须有能力自己开发或获取相关技术。

此外，发达国家对跨境投资也日益重视，采取措施提高对外资高端产业活动的吸引力。以日本为例，2010 年 12 月，日本政府批准并将于 2011 年 4 月的新财年开始向在本国设立地区总部和研发机构的外国公司提供税收及其他优惠措施，以增强日本作为商业中心的吸引力。日本政府从不给予外国企业任何税收优惠政策，这次允许外企以低于日资企业的税率支付企业所得税，是一项前所未有的优惠政策，经济产业省的官员认为这标志着一个"重大政策转变"。

其次，跨国公司矛盾心理严重，技术控制日益严密。一方面，中国消费市场发展潜力和成熟度不断提高，促使跨国公司将更多高端制造和研发活动向中国转移；另一方面，金融危机引起各国贸易投资保护主义抬头，虽然不可能成为世界经济发展的主流，但很长一段时间内投资保护主义有可能加剧发展。中国本土企业技术集成和创新能力的快速提高，使得不少跨国公司日趋担忧在产业转移过程中的技术流失，进而采取更为严格的技术控制策略，如通过增资控股和独资、加强知识产权保护、将最核心技术和高端技术的研发留在母公司等方式，增强技术的内部化，以防止技术外溢，尽可能延长技术创新的收益期。

第三，将遭遇其他新兴经济体的激烈竞争。近年来，我国东部沿海地区的引资优势有所削弱：土地、环境和劳工成本不断攀升、综合税负水平高、外资优惠政策逐步取消、高端人才发展较慢、研发成本居高不下。中西部地区具有劳动力成本优势和优惠政策，但在物流、基础设施和人才等综合条件上与东部仍存在一定差距，尤其是吸引高端制造业和服务业仍需靠东部地区。

与此同时，以印度、越南、巴西为代表的其他新兴经济体增长强劲，实行更加开放和更加优惠的引资政策，低成本优势更加突出，未来我国将面临更加激烈的引资竞争局面。东欧等劳动力成本较高的新兴经济体，由于受教育程度普遍较高，在吸引发达国家高端制造业和服务业转移方面优势较为突出，更有可能成为我国吸引高端产业活动的重要竞争对手。虽然，在我们对跨国公司在华投资企业的调查中，多数公司表示投向其他新兴经济体的多为其新增投资，主要源于分散风险和开拓潜在市场等两方面考虑。但是，随着新兴经济体基础设施的改善、市场不断开放、市场规模日益扩大、劳动力素质和产业成熟度逐步提高，制造业竞争力将快速提高，对外资高端产业活动的吸引力也将进一步提升。

近年来，由于其他新兴经济体 FDI 流入规模和增速高于中国，导致中国在全球和新兴经济体 FDI 流入中的比重不增反降。以印度为例，据日本贸易振兴机构的对外投资统计，2007～2008 年日对印度直接投资占其海外投资的比重从 2.1% 快速上升到 4.9%，实际投资额从 15.06 亿美元升至 36.64 亿美元，增长 1.4 倍，同期对华投资则从 62.18 亿美元提高至 68.99 亿美元，仅增长 10.9%。此外，从 FDI 流入占固定资产投资中的比重看，中国远低于高收入和中高收入的新兴经济体，甚至不及中低收入新兴经济体的普遍水平；亚洲和美洲新兴经济体的 FDI 流入与 GDP 之比均呈较为明显的上升趋势，已从 20 世纪 80 年代初不足 5% 升至当前的 15% 左右，中国则保持在 3%～4% 的水平。

从发展趋势看，其他新兴经济体的竞争力也不可小觑。日本国际协力银行每年以制造企业为对象实施"海外直接投资调查"，据 2011 年 1 月公布的最新调查结果显示，未来 3 年内前景看好的中期投资地（可多选），中国依旧以 77.3% 高居第一（自 1992 年度开始该调查以来中国一直保持首位），其后依次为印度 60.5%、越南 32.2%、泰国 26.2% 和巴西 24.6%。而在今后 10 年内前景看好的长期投资地选择中（可多选），印度则以 74.9% 跃居首位，中国以 71.7% 降至第二位。中国和印度作为投资首选地的决定因素是"市场具有发展性"，其中涉及对华投资的担心和面临的难题，选择"劳务成本提高"和"劳资问题"的企业急剧增加。

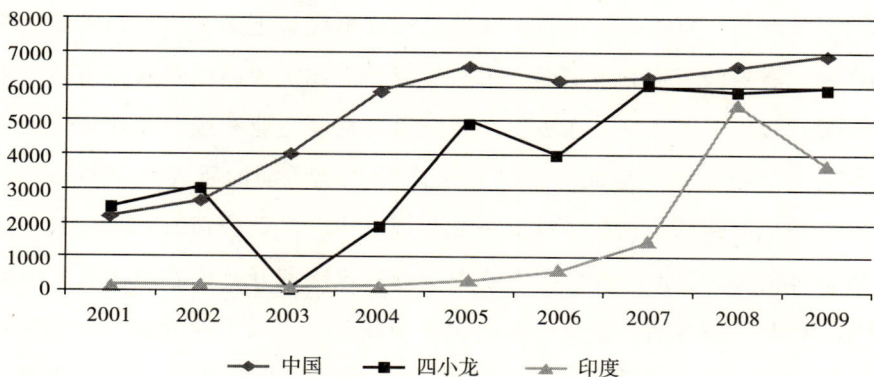

图 3.3　日本对亚洲新兴经济体投资（outward FDI）的趋势

资料来源：日本贸易振兴机构对外投资数据库。

二、我国引资环境亟待改善

近期，不少外资企业强烈反映中国外资优惠政策取消、中央和各地出台的面向国内企业的诸多扶持措施，在政策导向上对外资企业有欠公平，外资环境有所恶化。领导人和政府部门对此多次表态予以澄清，而从我国外资环境及政策体制看，确实存在阻碍我国提高吸收外资质量、加快吸引高端产业活动的问题和障碍。

一是成本控制是在华投资经营中的突出问题。我国引资优惠政策取消和要素成本不断攀升，对跨国公司增加在华业务构成较大压力。更为突出的是，我国综合税负水平较高，与新加坡等周边地区比，不仅没有竞争优势，更成为吸引高端人才和产业活动的重要制约。

二是外资企业技术溢出效应未充分发挥。在市场需求萎缩情况下，许多跨国公司将创新视为走出困境的首选策略。不少外国制造业企业和研发中心反映，我国政府在高新技术企业认证、自主创新优惠政策、政府科研项目研究中仍有不少对内资企业的倾斜政策或措施，加上缺乏高水平研发人员、融资难、知识产权保护不完善等因素，在很大程度上影响外资企业扩大在华研发投入的积极性，削弱了外资企业技术溢出效应。根据国务院发展研究中心对外经济研究部2009年针对外商投资与自主创新关系的一项调查研究，外商投资企业对政府的科技计划参与程度很低，60.94%的受访外资企业未能参与政府的任何科技项目，即使参与也主要是省及省以下政府的科研项目，参与国家级科研项目的比重仅为16%。从图3.4（a）可以看出制约制造业企业扩大研发投入的主要因素是：政策扶持力度不够、获得奖励和支持研发政策的手续繁杂、缺乏合格的研发人员、融资环境欠佳和融资成本高；图3.4（b）则反映出影响研发中心（机构）扩大研发投入的主要因素包括市场竞争、市场规模、知识产权保护、创新优惠政策和研发人员素质等。其中，知识产权问题在吸引高端制造业投资中更为突出，如果处理不好，将阻碍跨国公司将高技术含量制造与核心研发向中国转移的进程。

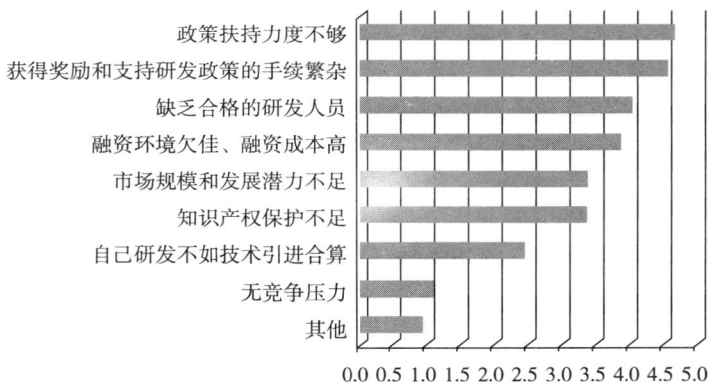

图 3.4（a）　制约制造业企业扩大研发投入的因素

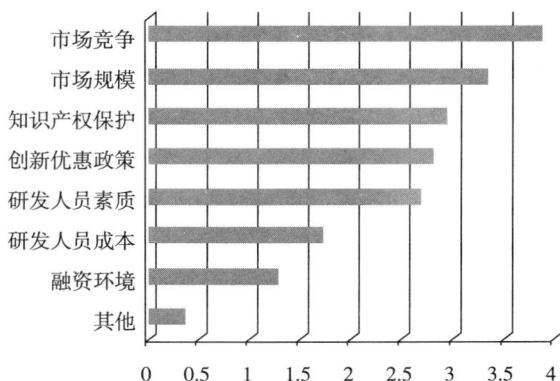

图 3.4（b）　影响研发中心扩大投入的因素

注：此题为打分题，最高分为10分，最低分为0分，"得分"为平均分。

资料来源：根据国务院发展研究中心对外经济研究部"利用外资促进自主创新研究"调查问卷计算。

三是政策稳定性和市场统一性有待提高。从一定程度上讲，仍存在外资政策变动频繁、市场分割严重、资金跨区域流动困难等问题，这不仅不利于发挥市场规模的优势，还会给投资经营带来诸多不便，导致交易成本进一步趋高。而且，多数大型跨国公司在中国的投资体系较为分散，重组在华业务及向中西部转移制造基地成为其整合供应链、加快对华转移高端制造业的必然选择和重要内容。但在此过程中，仍存在跨国公司再投资、合并重组或清算的审批程序繁琐、耗费周期长、"移出地"政府的阻力等诸多问题。

四是引进高端产业活动的政策目标不清晰，对产业安全顾虑更为突出。国际产业转移的发展给各国带来了新的忧虑：发达国家担心就业流失，发展中国家担心经济安全。在我国未来引进高端产业活动中，对产业安全的考虑是影响外资政策稳定的一大因素。

对产业安全的顾虑主要源于三方面：一是近年来外资注重在新兴市场中占据产业链主导地位，在华外资企业独资化趋势明显增强，且不断从现有生产加工环节向下游产品及相关产业延伸。二是随着我国产业政策和金融市场的逐步开放，外资企业为迅速抢占市场份额，以并购方式整合行业资源的意愿大、能力强，有可能影响我国对相关行业核心竞争力的掌握。例如，外资在服务业领域的资金和技术优势更为突出，对以并购方式深度开发行业潜力、整合行业资源具有浓厚兴趣，有可能影响我国企业在加快发展现代服务业过程中的成长与获益。三是外资企业的资金和技术优势在高端产业表现更为突出、市场影响力大、行业整合能力强，不少专家和产业界人士对产业安全的担心加剧，认为跨国公司在对华转移高端产业活动的同时，将通过与本土企业争夺人才、专利限制等，削弱本土企业的研发能力，有可能对本土企业的成长和创新能力产生更大"挤出效应"（crowding - out effects），对国内企业生存空间的冲击将大大高于吸引外资投入劳动密集型产业。

第五节 政策建议

一、依据新机遇和发展需要，及时调整外资政策

金融危机爆发后，发达国家产业结构调整和跨国公司全球供应链整合加速，新兴经济体承接国际高端产业活动转移的战略机遇进一步显现，中央提出加快转变经济发展方式是"十二五"时期的重要任务，凸显了调整利用外资战略目标、重点与政策的紧迫性。

未来5~10年，应从转变经济发展方式的战略高度认识提高吸收外资质量的意义，强化抓抢战略机遇的意识与紧迫感，准确把握后危机时期的国际机遇与转变发展方式的新要求，以"合理、有效利用外资"为原则，根据我国产业发展阶段的特点，将国内产业结构升级与承接国际产业转移相结合，及时调整外资政策，加快优化投资环境，着力引进高端生产要素与产业活动，形成新的综合竞争优势，在新一轮技术革命和全球分工中占据有利地位。

二、扩大外资技术溢出效应，充分发挥外资促进自主创新的作用

"十二五"开放战略的目标之一是要充分利用外部资源，推进产业结构升级和建设创新型国家，推动经济发展从要素驱动向创新驱动转变，关键途径之一是要充分发挥外资企业的技术溢出效应，通过增强竞争、信息与知识的流动，促进本土企业研发创新能力的提升。

为此，应集中优势资源吸引和支持外资投入高端制造业和在华设立研发中心：

——制定并实施内外资统一、透明度高的研发鼓励政策体系；

——建立更加便利的高端制造和研发活动通关监管体系；

——加快金融市场改革，进一步利用国际风险投资促进科技研发和创业投资；

——建立和完善外资企业技术外溢的绩效评价指标，如将外资的产业关联度、对当地人才培养、与国内机构技术开发合作等纳入评价指标体系，努力扩大其"技术溢出效应"；

——探索降低高端人才税负的有效途径，吸引跨国公司对华转移更高附加值的制造环节、更高水平的研发和服务功能。

三、协调区域发展，支持跨国公司优化在华投资布局

应发挥不同地区的资源禀赋优势，积极承接国际高端产业活动转移、鼓励跨国公司优化在华投资布局，促进区域协调发展。

一方面，应更好地发挥东部地区资源配置效率高、产业配套功能强等优势，率先提高利用外资的质量和水平。而一些以海外市场为主的对华投资，转移至内地的搬迁、运营成本过大，也应注重向东部落后地区转移，在降低成本的同时，可继续保持与成熟市场和产业集群的配套衔接。

另一方面，引导部分中低端制造、以国内市场为目标的外资企业加快向中西部梯度转移，是我国提高吸收外资质量的重要一环，必须针对切实需要设计扶持政策、改善投资环境：

一是适当扩大鼓励投资地区的产业指导目录中鼓励类项目的范围，适当保持中西部地区的政策优势，形成与东部地区的政策落差，但应注意不能引发新一轮的优惠政策竞争；

二是大力推进中西部基础设施建设，努力在中西部产业基础较好的地方构建产业集群，提升地区综合配套生产能力；

三是提高政府办事效率和管理的规范性，但向中西部产业转移，应以企业的意愿为主，不能行政强迫；

四是为促进跨国公司整合在华业务，应打破市场分割，简化业务重组和转移生产基地的相关审批程序，为其调整和优化在华投资和生产体系、资金跨区域流动等提供更为便捷畅通的政策环境。但应注意，既不设置障碍、抬高成本，也要在加大资金配套支持的同时，防止外资企业借机漫天要价。

四、完善投资环境

为应对金融危机和气候变化，跨国公司正在加快调整全球布局以提高对资源的有效利用。我国应充分利用这一难得机遇，积极完善法律法规、规范市场体系、加强知识产权保护，营造一个更具吸引力的、对内外资公平的投资和市场竞争环境，形成高效、符合国际规范的投资促进体系，加快形成吸引外资的竞争新优势。

（1）继续扩大内需和促进经济发展，以市场发展潜力和规模效益进一步提升我国对外国直接投资的吸引力。

（2）深入改革外资管理体制，进一步下放审批权限、简化审批程序、减少审批事项，以更加开放的理念积极拓宽利用外资的方式。例如，为吸引国际高端产业转移，应进一步开放资本市场，综合利用并购、风险投资、产权交易等方式拓宽外资进入渠道；以更加开放的理念进一步扩大服务业利用外资，结合区域及双边自贸区谈判进一步放开服务业市场准入。

（3）进一步完善法律法规体系，增强政策的连续性和可预期性。一是使更多外资企业参与政策制订中的意见收集与讨论，在产业和外贸等相关政策调整时给企业过渡期；二是避免因迟迟未公布相应细则，造成对法律法规的不同解释和企业无所适从；三是为营造一个更具吸引力的、公平公正的市场竞争环境，提高法律法规执行的一致性。

（4）降低综合税负，提高市场监管效率，减少因多头管理、程序繁复等问题导致企业运营成本增加，提高在华机构在跨国公司全球业务中的综合竞争力。

（5）加快金融市场改革，拓宽投资方式，及早消除跨国企业在资金运作中的难题和障碍，提高对高端制造业、服务外包、区域总部等高端产业活动的金融服务功能。

五、妥善处理吸引外资与维护产业安全的关系

在更加开放的经济环境中，妥善处理吸引外资与维护产业安全的关系

具有更为重要的意义。应抓紧研究制定有效的制约机制，既要规范投资行为，对大规模并购可能带来的负面影响（如市场垄断和对战略性行业的控制）加以防范。同时，也要防止过度夸大吸引高端产业活动转移对产业安全的威胁，避免丧失发展机遇。

本章完成人：张琦。

第四章

金融危机爆发后中国吸引人才的机遇与对策

第一节　世界各国吸引人才的基本态势

一、人才是一个国家发展的最根本引擎

科技和知识是第一生产力，技术与知识由人而来，为人所掌握，是人的创新和创意。所有的货币、资金以及实物至关重要，掌握财富分配的金融最为根本，然而他们都掌握在人的手里，金融衍生物不过是人类的游戏。

人才是真正的第一生产力。两次世界大战的实践证明，抢夺人才比掠夺物质、资源等财富更为重要。第二次世界大战中，美国抢夺了大量的人才，特别是流离失所的德国犹太科学家，改变了世界经济和社会的格局，成为世界头号经济强国和政治大国。

许多发展中国家为落后寻找了诸多理由，例如人口过多、土地与资源均量少、国家发展起步晚、自然灾害多、传统文化不利于现代化等。但是，起步较晚、非世界交通咽喉位置、人多地少、多火山地震同时资源贫瘠的日本，却特别重视教育和人才培养，依靠能为己所用的人才资源，成

为仅次于美国的世界第二大经济强国；弹丸之地、四面受敌、产不了几吨石油的以色列能够对抗中东石油、阿拉伯民族国家，最主要的依靠就是人才。

人才是一个国家发展的根本动力和引擎。世界银行等国际组织的报告指出，当前世界工厂、土地、工具以及机械所凝聚的财富日益缩水，而人才资本对于一国的竞争力正变得日渐重要，在以知识经济为主的美国，人才资本"与实物资本相比，重要性要高出三倍多"。

二、世界各国以多种方式吸引人才

世界各国人才战愈演愈烈，发达国家采取多种方式吸引人才，以增强自己的优势。据估计，全世界已经约有1.91亿人在出生国以外工作，地球上每35个人当中就有1个人是移民。在安哥拉、布隆迪、肯尼亚、毛里求斯、莫桑比克、塞拉利昂、乌干达、坦桑尼亚，33%～55%受过高等教育的人才已经去了经济合作与发展组织（OECD）国家工作，而海地、斐济的比例超过60%，加纳达到83%。中国、印度、俄罗斯，都有超过50万以上的科学家与工程师在西方发达国家供职。

美国、欧盟十分重视吸引和争夺人才，努力增强自己的人才优势。1990～2000年期间，美国、欧盟15个成员国分别接受了415万、200多万受过高等教育的人才移民。

美国是全球第一人才大国，也成为全球人才的集聚地和蓄水池，特别是70%以上的诺贝尔奖获得者在美国工作。1995～2005年期间，所有在美国开办的工程及科技公司中，有25%的创办人是来自美国境外，投身科学及工程行业的人口中，外来移民占67%。

全球吸引人才，特别是高层次人才，主要出现了下列趋势。

1. 全球人才日益流向发达国家

最急缺的高层次人才大量流向发达国家，全世界所有受过高等教育的移民一半流向了美国，1/4的留学生是去美国深造，大约一半的留学博士最终会留在美国工作。

2. 修订和完善移民制度

绿卡以及入籍制度是引进顶尖人才并使其归化的根本保障，美国的移民法规定高技能人才和经济移民将被优先考虑，让移民制度为吸引人才服务。美国每年批准 14 万职业移民获得绿卡，投资移民只有 1 万，杰出人才、优秀人才、高技能人才则各 4 万左右。其中"杰出人才"类别不需要申请劳工证，作为第一优先对象的类别不必等待排队，不需由雇主来提出申请，可以用自己的名义直接申请成为美国永久居民。2000 年德国正式实施"绿卡工程"，2007 年法国实施《优秀人才居留证》，2008 年英国正式实施"记点积分制"移民制度。

3. 承认高层次人才的双重国籍

为了吸引高层次人才，越来越多的发展中国家承认双重国籍。除了美国、英国、法国、加拿大、日本、俄罗斯等传统国家本来就承认双重国籍外，1990 年以后原来很保守的一些发展中国家（例如巴西、墨西哥、印度、菲律宾）纷纷承认了双重国籍，重点是通过双重国籍来争夺他们原有的本民族人才。

4. 招收外国留学生

发达国家招收留学生，最主要是为了吸引人才。美国为了吸引全球最优秀的青年，把 1/3 科学与工程的博士学位都给了外国留学生，并提供丰厚的奖学金，最终挽留其优秀人才成为"新美国人"。

三、良好的制度有利于吸引高层次人才

以美国为代表的世界发达国家能够吸纳全世界大多数顶尖人才的原因，不仅仅是因为他们的硬件基础，更主要是因为他们建立了吸引和培养人才的保障制度。一是教育公平，20 世纪 90 年代教育公平重点是机会公平和性别公平；二是加大教育投入，发达国家的教育投入普遍高于发展中国家；三是加强问责制，例如采取国际标准和评价体系；四是鼓励高层次人才进入本国，实施技术移民战略，保障中层阶级的重要地位，维护中层阶级的合法权益；五是鼓励高层次人才进入其跨国公司，实施技术人才与行政人才平行路径的政策，保障技术人才的各项待遇和机会不低于其相应级别的行政人员等。

新加坡、澳大利亚、加拿大等国家都开始复制这种美国模式，包括塑造国家梦想吸引人才，并逐步进入发达国家行列。

第二节　金融危机爆发后世界各国重视教育、人才的做法

2008 年国际金融危机爆发后，世界各国更加重视人才，采取的措施大不相同。2009 年 11 月，G20 第三次峰会发布的《领导人声明》提出，教育是应对金融危机的重要部分，对教育进行投资和创新是各国应对金融危机的重要策略。实际上，世界各国都非常重视高层次人才。

一、日本更加重视政府的作用

自 1998 年亚洲金融危机后，日本经济长达 10 年处于低迷，消费不振，通货紧缩，民间投资停滞，失业率持续走高。日本政府进行了长期和大规模的调研，发现用人需求和人才供给严重脱节造成失业率居高不下。由于经济不景气，企业首先缩减培训费用，与 1980 年的高投入期相比，2002 年日本全国企业的内部培训支出减少 1000 亿日元（约合 70 亿元人民币）。因此，2003 年日本内阁决定，在 2002 年度的追加预算案中，增加人才培养投资预算 89 亿日元。与民间教育机构结合，力图通过三年时间，培养出 100 万高级技能型人才，借此带动日本中小企业的发展，从根本上解决就业和融资难问题。

为了应对金融危机和抢夺人才的制高点，2008 年日本政府颁布了《教育振兴基本计划》，提出今后 10 年日本教育的远景目标，强调"教育立国"，并提出了今后 5 年促进教育改革发展的重大战略和政策举措。在《教育振兴基本计划》中，日本政府提出要改变日本公共教育费用支出占

GDP 比例（5%）在 OECD 成员国中偏低的状况，增加教育经费投入，探索对幼儿教育实行免费。2009 年日本加大了对大学教育和尖端科技研究的支持力度，投入了 705 亿日元支持大学教育，并投入了 2000 多亿日元重点支持与诺贝尔奖项关联的基础研究和尖端领域研究。2010 年 3 月日本众议院通过了《高中教育免费化法案》，日本政府已增拨预算，从 2010 年新学期开始实施高中免费政策。

二、欧盟重视创新和增加教育投资

为应对金融危机，2008 年 11 月欧盟通过《欧盟经济复苏计划》，提出促进成员国应保持各自国家对教育、研究与开发的既定目标，并通过提供财政刺激、资助和补助的方式增加对教育、创新、研究与开发的投资，尤其要鼓励私有部门对教育、研究与开发的投入，以尽量减少目前金融危机所造成的直接影响，并为经济复苏做好准备。其中，2008 年 10 月德国联邦政府和各州政府决定加强对教育与研究的投入，经费投入占 GDP 的比例从 8.9% 提高到 2015 年的 10%。2009 年 2 月 13 日，德国政府又出台二战后的最大刺激经济方案，计划为期 2 年总规模 500 亿欧元，其中教育和科研的经费约为 172 亿欧元，约占总规模的 35%。英国政府《新机遇：迎接未来的公平机会》明确提出，要为所有人铺平从教育向工作过渡的道路。

2000 年以来，欧盟实施《博洛尼亚宣言》，推进"博洛尼亚进程"已经 10 年，重点是实施高等教育区质量保证和准则，看重学历互认和人才交流，将美国作为潜在竞争对手。2008 年 3 月欧盟委员会通过建议方案，宣布 2009 年为"欧洲创造与革新年"，在全欧大力开展创造与创新活动，帮助欧盟应对经济全球化带来的各种挑战，重点活动将涉及教育领域的诸多学科，如基础科学、信息、技术等，提高创新技能。2009 年德国政府提出，面对金融危机的出路就是增强德国的创新能力，提出到 2015 年德国科研投入占 GDP 的比例达到 3%，教育投入提高到 7%，对教育和科研各增加 12 亿欧元。

欧盟政策研究中心认为，在全球化竞争加剧的情况下，欧盟需积极应对来自国际上的竞争压力，尤其是来自以中国为代表的新兴经济体的竞争。2010 年 3 月 25 ~ 26 日，欧洲理事会春季峰会审议了《欧盟 2020 战略》，确定了 3 个关键增长指标，即智能增长、节能减排和包容性增长。其主要思路是：以教育促创新，以创新促增长，以增长促就业，以就业促和谐，同时教育在促增长、促就业、促和谐的过程中直接发挥作用。

三、美国出台的经济刺激计划重视教育

2008 年美国修订了《高等教育机会法》，保障大学生就学机会，促进和保护教育公平，计划未来的 10 年里，联邦政府为社区学员提供 120 亿美元的"革新基金"，让 500 万人获得相应学位和文凭等。

为应对金融危机，2009 年 2 月美国出台二战以来规模最大的经济刺激计划《美国复苏与再投资法案》，在该法案 7870 亿美元经济刺激中，安排 1400 多亿美元用于支持教育，这是美国历史上最大一项联邦教育拨款，其中 170 亿美元专款用于弥补当前"佩尔助学金"的缺口，并使 700 万低收入家庭子女受益。2009 年《美国创新战略》提出，今后 10 年联邦政府将投入 2000 亿美元，加强对 21 世纪人才的培养；投入 40 亿美元，强化科学技术工程和数学教育，确保美国继续在优秀人才和创造力上引领世界，保持美国竞争力。

美国还制订了一项主要针对中小学实施的金额为 43.5 亿美元的"追求一流资金"（Race to Top Fund）计划，鼓励各州政府和学校进行教育改革，例如招聘、培养、挽留和奖励优秀教师和优秀校长，努力使最差学校的状况好转。

美国引进和录取学生，在保证招生考试标准化、科学化的基础上，更加强调多元化和多样性。为了挑选世界各地的优秀学生，美国著名大学在招生时采取了多元化录取标准，将申请人的学术表现和非学术表现，学习成绩与综合素质等各方面因素结合起来，综合考虑申请者的发展潜力和前景。

第三节　金融危机爆发后我国引进人才面临的机遇

金融危机爆发后，首当其冲遭遇冲击的是金融人才。根据国际劳工组织（ILO）和国际货币基金组织（IMF）的统计，国际金融危机造成全球2.1亿人失业，其中自2007年起失业人数增加了3000万人。随着金融危机的进一步蔓延，危机中心国家经济不景气，国际上一些高层次人才及其家庭就业也受到影响，这为中国引进人才提供了机遇。

一、中国已经成为世界经济增长的引擎之一

改革开放以来，中国经济社会快速发展，特别是经济持续快速增长，不仅取得了举世瞩目的成就，而且已经成为世界经济增长的引擎之一。中国对外贸易从世界排名第32位上升到世界第2位，持续成为吸收国外直接投资（FDI）最多的发展中国家，中国人均GDP从几百美元上升到4000美元左右；国际金融危机爆发后，中国国内市场需求进一步扩大，有力地支持了相关产业的发展，并且成为全球经济增长引擎。例如，金融危机爆发后世界各国汽车产业普遍遭受巨大冲击，但是中国汽车生产和销售呈现一枝独秀和空前增长的态势。

二、对国际人才具有强大的吸引力

21世纪以来，中国经济和社会发生巨变，市场经济制度进一步完善，对国际人才具有强大的吸引力。特别是中国市场体系日益成熟，市场经济制度逐步完善，综合实力和国力不断上升，人民币币值稳定，呈现升值和区域化态势。不仅如此，中国实施一系列区域政策，西部大开发、东北振兴等区域政策改善了经济欠发达地区的生活环境，缩小了收入水平差距，建设安定、宜居的环境，有利于经济社会协调发展。

三、中国也需要吸引海外人才

中国建设创新型国家和转变发展方式，需要大量的人才，也需要引进海外国际人才，特别是一些创新型人才和领军式的高层次人才。我国正处于经济转型、产业升级关键时期，金融、汽车制造、IT 等行业的发展都需要大批具有先进专业技术和管理能力的各类型人才。国际金融危机促进国际市场上人才资源进行重组，给我国吸引海外高层次人才提供了一次良好的机遇。

第四节　我国引进人才的主要实践、成就

一、我国多种方式吸引海外留学人员

我国政府十分重视留学归国工作，并且进行了制度建设。自 1980 年以来，中国政府制定和出台了一系列鼓励留学归国人员的政策措施。政府设立了"留学回国工作办公室"，指导和规划海外留学人员归国，启动了"全国百名杰出留学回国人员"表彰活动等。特别是为深入实施科教兴国战略和人才强国战略，积极引进海外高层次留学人才，2007 年国家 16 个部委出台《关于建立海外高层次留学人才回国工作绿色通道的意见》，积极为海外高层次留学人才回国创造良好条件，以及提供入出境及居留便利等。

中国引进海外留学人才的方式呈现多元化，主要有回国工作、回国创业、为国服务等。主要计划有：人力资源和社会保障部的留学人员科技活动项目择优资助、留学人员回国创业支持计划、高层次留学人才回国资助计划，教育部长江学者奖励计划、高校科技创新引智计划、春晖计划、新世纪优秀人才支持计划，中科院创新团队国际合作伙伴计划，自然科学基金的杰出青年计划，中国科学技术协会的海智计划等。

二、金融危机中我国抢抓吸引高层次人才

为抓住金融危机带来的吸引人才机遇，中国各级政府出台和实施了许多优惠政策。

1. "千人计划"

2008 年 12 月，中共中央办公厅转发《中央人才工作协调小组关于实施海外高层次人才引进计划的意见》。海外高层次人才引进计划（简称"千人计划"），主要是围绕国家发展战略目标，从 2008 年开始，用 5 到 10 年，在国家重点创新项目、重点学科和重点实验室、中央企业和国有商业金融机构、以高新技术产业开发区为主的各类园区等，引进并有重点地支持一批能够突破关键技术、发展高新产业、带动新兴学科的战略科学家和领军人才回国（来华）创新创业。海外高层次人才引进工作小组负责"千人计划"的组织领导和统筹协调。工作小组由中共中央组织部、人力资源和社会保障部会同教育部、科学技术部、中国人民银行、国务院国有资产监督管理委员会、中国科学院、中央统战部、外交部、国家发展和改革委员会、工业和信息化部、公安部、财政部、国务院侨务办公室、中国工程院、国家自然科学基金委员会、国家外国专家局、中国共产主义青年团、中国科学技术协会等单位组成。在中共中央组织部人才工作局设立海外高层次人才引进工作专项办公室，作为工作小组的日常办事机构，负责"千人计划"的具体实施。

2. 其他引进海外人才计划

金融危机爆发后，国家许多部委出台引进人才计划，例如，2009 年人力资源和社会保障部的"赤子计划"，全称"海外赤子为国服务行动计划"。全国各省市自治区都出台许多引进海外人才的计划，有北京的海外人才聚集工程、河北的"百人计划"等。此外，一些国有大型企业也进行全球招聘，引进海外人才。

三、引进人才取得一定的成绩

改革开放以来，我国引进高层次人才取得一定的成绩。根据教育部的

统计，从 1978 年到 2009 年底，各类留学回国人员总数达 49.74 万人。国际金融危机爆发后，海外留学的华人回国出现短时期的高峰。2008 年、2009 年回国留学人员分别为 6.93 万人、10.83 万人，分别占总量的 13.93%、21.77%，比上年分别增加 2.49 万人、3.9 万人，增长了 55.95%、56.28%。为实施"青年千人计划"，中央财政给予"青年千人计划"入选者每人 50 万元的生活补助、三年 100 万至 300 万元的科研经费补助。"青年千人计划"将在五年内引进 2000 名左右优秀海外青年人才，每年引进 400 名左右。实施"千人计划"以来，截止到 2010 年底，中国已经引进了 1100 多名海外高层次人才。根据国家外国专家局的统计，境外来华专家规模已经达到 45 万~48 万人次/年，而且长期专家的增速高于短期专家，外国人才的来源也已从改革开放初期的十几国家发展到目前的 80 多个国家。

另一方面，留学回国人员发挥重要的作用。根据统计，80% 的中科院院士，51% 的工程院院士，80% 的教育部直属高校的大学校长，80% 的"863"专家，72% 的重点学科和学术带头人，都是海外留学回国人员。

第五节　我国引进海外高层次人才的长效机制及政策建议

目前，中国在外的留学人员有百万人以上，其中 70% 左右的留学人员正在国外进行本科、硕士、博士阶段的学习以及从事博士后研究或学术访问等。这些人才无论在海外继续深造还是工作，将来都可以各种形式为其母国中国服务。

胡锦涛总书记在全国人才工作会议上指出，人才资源是第一资源，人才问题是关系党和国家事业发展的关键问题，人才工作在党和国家工作全局中具有十分重要的地位。面对国际金融危机以及今后相当长的一段时期，我国抓抢和吸引高层次人才，最重要的是制定相关规划，建立长效机制，既有利于落实《国家中长期人才发展规划纲要（2010~2020 年）》关于到 2015 年我国高技能人才占技能劳动者的比重达到 27% 的目标，又有利于抢占未来制高点和建设创新型国家。

一、建立危机下的引进高层次人才机制

一是转变观念抢抓引进人才的机遇。美国抓住两次世界大战和多次国际性危机中的机遇，特别是以灵活方式吸引顶尖人才，从后起的资本主义国家成为发达的资本主义国家。全球化下高层次人才不仅全球流动，而且积极活跃在世界舞台上，世界各国争相吸引他们。我们应当转变不愿意乘人之危去吸引高层次人才的传统观念，转变一定要"独占、独享"高层次人才的观念，抢抓危机中隐藏和蕴含的机遇，灵活引进和利用各类高层次人才。

二是简化引进高层次人才的相关手续。危机下引进人才需要突破常规，启动"特事特办"和"急事急办"等相关机制，简化相关手续，抢抓稍纵即逝的机遇，便利引进高层次人才。

二、加强常态下引进高层次人才的制度建设

一个不好的制度可能导致人才流失海外，可能出现人才埋没，也就会出现"淮北为枳，淮南为橘"。常态下引进高层次人才应当更为基础，需要有一套行之有效的制度保障，特别是公开的、公正的、透明的、稳定的制度。

一是中央政府尽快制定规范的、统一指导的引进高层次人才的办法，对各类人才进行分级、分类等，采用公开、透明的程序机制，保障引进的高层次人才真正成为该领域的领军人物。

二是进一步深化改革，用人单位最明确其需要的高层次人才，扩大用人单位特别是国有部门对高层次人才的需求自主权，全球范围内公开选拔和透明招聘高层次人才。

三是结合国内的科技规划以及重要科研项目，如大飞机项目，给高层次人才提供发挥其作用的事业、发展空间，始终能够进行国际交流，与国

际先进水平接轨、科研同步，保障其生命力、持久活力。

四是进一步完善和细化现有引进高层次人才计划中的有关优惠政策措施，探讨减免高层次人才的个人所得税的可行性，进一步便利高层次人才的出入境，承认其双重国籍，建立其配偶就业、子女教育等方面的稳定与优惠制度；学习和借鉴欧美日等发达国家培养人才、引进人才、发挥人才优势的经验，特别是那些保障制度，而不仅仅是应对危机情况下出台的人才培养和引进制度。

三、实施人尽其才的长效机制

认真学习和贯彻中央《国家中长期人才发展规划纲要（2010～2020年）》，引进国内外技术、管理、金融、基础学科等专业人才，充分发挥人才的积极性和重要作用。

一是创造公平教育、培训和学习机会。根据《国家中长期人才发展规划纲要（2010～2020年）》等，确定包括7大新兴战略性产业在内重点领域的人才教育、培训规划，全球范围内，给予青年学者更多的公平教育、培训和学习机会。

二是多种灵活方式发挥高层次人才的作用。不论华裔还是非华裔，不论中国境内还是中国境外的高层次人才，只要为我所用、为国效力，支持中国、服务中国，就应公平对待、同等重视他们，并不一定要"占用"、"独占"他们。

三是采用"赛马制度"，进一步完善人才选拔机制。传统"相马制度"主要取决于选拔机构和选拔人员的素质和偏好，往往被选拔者只是符合选拔者的个人风格，不是真正需求的高层次人才。与之相比较，"赛马制度"给予更加公平的机会，也更加透明，充分挖掘人才，真正发挥人才的积极性。

四是扩大招收外国留学生。目前中国在海外尚有100多万留学生，海外来中国的留学生只有20多万，留学生来往中国赤字严重。对于其中优秀的人才加以吸纳，对于普通留学生则可作为教育创汇的一种方式。

　　五是进一步深化改革教育制度。借鉴跨国公司对人才的管理和培养经验，实施高层次人才不低于经营管理者的待遇和使用资源权限等措施，应逐步解决大学、科研机构等事业单位的泛行政化的问题，提高本土培养人才的能力，从根本上完善相关的评估、选拔、使用、激励人才的机制。

　　本章完成人：胡江云。

第五章

后危机时期我国境外直接投资
的战略机遇研究

受益于金融危机，我国境外投资在 2008 年呈现出"井喷式"增长。当年，中国对外直接投资净额达到 559.1 亿美元，较 2007 年增长了 111%，达到了 2003 年实际利用外资的水平。后危机时代，虽然海外资产价格下跌、国内企业相对实力上升等有利于我国境外投资的短期因素逐步消失，但人民币升值、外汇储备增加、企业竞争力提升、各国再制造业化等长期因素的作用会越来越明显。总的来看，金融危机使得我国对外直接投资上升到了一个新的台阶，并以此为基点向专业化投资方向快速推进。后危机时期，国内外的新、旧诱因将在较长时间内继续发挥作用，为我国对外直接投资由量变向质变提供了良好的条件。我国应采取措施，切实帮助企业解决"走出去"过程中的困难和问题，打造出越来越多具有国际竞争力的中国"跨国公司"，加速我国由"大国"向"强国"转变。出于整个课题分工的需要，本章仅研究制造业和服务业的境外投资问题，采矿业等涉及能源方面的机遇问题另设专题研究。

第一节　我国境外直接投资的现状与特点

我国改革开放后很长一段时间内，由于经济尚处于初级发展阶段，企业整体实力较弱，对外投资较少。进入新世纪以来，随着中国经济实力的增强和"走出去"战略的实施，我国对外投资迅速增长，并逐步成为全球新的对外投资增长点之一。根据联合国贸易和发展委员会（UNTAD）统计，2009 年中国对外直接投资流量占世界总流量的 4.4%，是 1995～2005 年平均水平（0.53%）的 8.3 倍。

一、2003 年以来，我国对外直接投资呈现出迅速上升的态势

自 2003 年开始，我国对外直接投资呈现出迅速上升态势。2003～2008 年对外直接投资流量的年均增幅高达 81.4%（参见图 5.1）。2008 年，我国境外投资的增长更是世人瞩目。当年对外直接投资流量超过了 550 亿美元，较上年增长 111%，其中，非金融类 418.6 亿美元，同比增长 63.5%，占投资净额的 74.9%；金融类 140.5 亿美元，同比增长 741%，占 25.1%。2009 年，中国对外直接投资流量达到 565.3 亿，较上年增长 1.1%。截至 2009 年底，我国 12000 家境内投资者在境外设立境外投资企业 1.3 万家，海外直接投资累计达到 2457.5 亿美元，年末境外企业资产总额超过了 1 万亿美元。

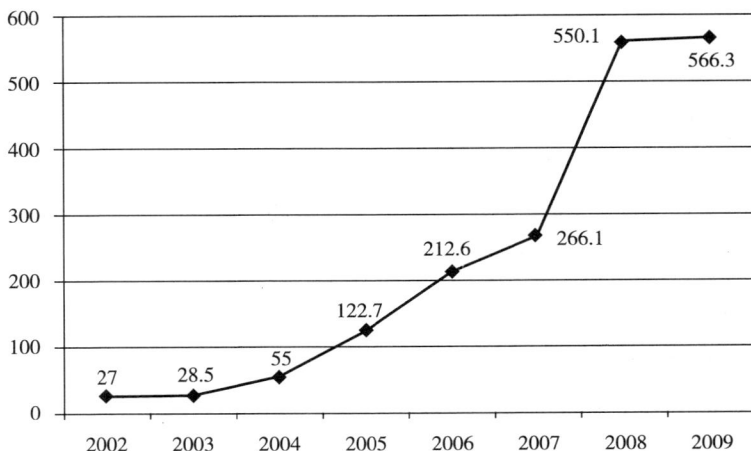

图 5.1　2002～2009 年中国对外直接投资流量变化（单位：亿美元）

资料来源：《2009 年度中国对外直接投资统计公报》。

二、投资方式仍以绿地投资为主，但并购方式明显提高

受制于企业实力和国际化水平，我国企业在对外投资时往往倾向于选择建立合作合资企业、独立企业等绿地投资模式，而较少采用并购方式。根据我们 2010 年关于企业境外投资的问卷调查，在 697 家受访企业中约有 2/3 的企业在对外投资时倾向于新建企业，不足 1/3 的企业选择海外并购。

这一情况在危机中发生了非常明显的变化。金融危机使得很多海外企业的资产缩水，并购成本降低，为我国企业海外并购提供了难得的机遇。2008 年，我国通过并购实现的对外直接投资达到 302 亿美元，较上年增长 379%，占当年流量的 54%，其中非金融类并购 205 亿美元，占 67.9%。但随着危机最困难时期的过去，我国企业的并购相应减少。2009 年，通过收购、兼并实现的直接投资 192 亿美元，较上年下降 36.4%，占当年流量的 34%。

三、我国对外投资的地区分布广，相对集中于亚太地区

2009 年底，我国对外直接投资企业共分布在全球 177 个国家和地区，投资覆盖率超过 70%。但无论是从流量还是从存量上看，亚太地区都是我国对外直接投资最为集中的地区。2009 年，我国对亚洲、北美、大洋洲和部分拉丁美洲等亚太地区的直接投资占当年流量的比重超过 85%；2009 年末，我国在亚太地区的直接投资存量占比在 90% 左右。

值得注意的是，2008 年我国对非洲直接投资流量为 54.9 亿美元，较上年增长 249%。非洲是当年我国对外直接投资增长幅度最大的地区。而 2009 年我国对欧洲和北美洲等发达地区的投资增长显著，流量的年增长率分别为 282.8% 和 317.9%。

从企业问卷调查结果来看，未来 5 年东南亚新兴经济体、日韩和非洲仍然是我国企业对外投资的主要目的地。除此之外，我国企业也有意愿增加对俄罗斯、东欧等欧洲新兴经济体的投资（参见图 5.2）。总体上，企业对新兴经济体的投资意愿强于对发达经济体的投资。

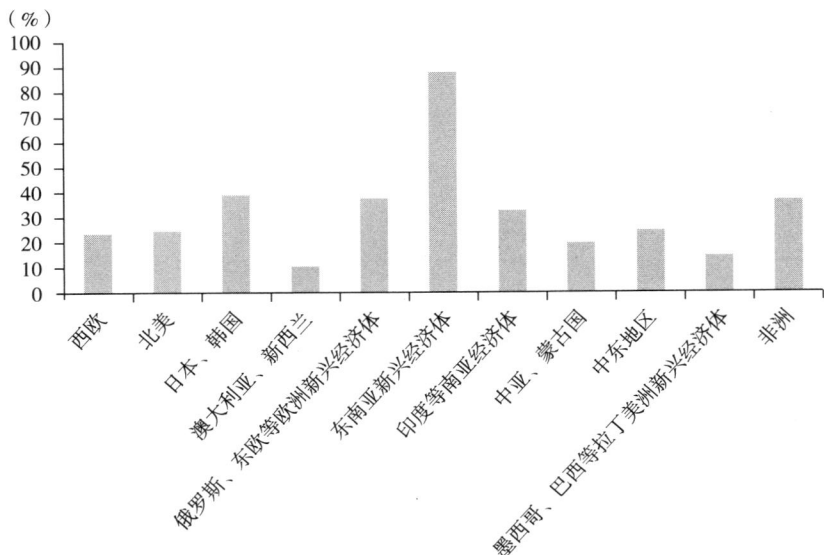

图 5.2　未来 5 年受访企业计划对外投资的主要目的地

资料来源：国务院发展研究中心对外经济研究部企业问卷调查。

四、我国企业依靠对外投资获取了市场和技术

从我国对外直接投资的行业分布来看，市场和技术是企业走出去的主要目标。以存量计，2009 年末，我国对商务服务业、批发零售业、交通运输仓储和邮政业、制造业等与开拓市场有关行业的投资超过了 1300 亿美元，聚集了对外直接投资存量的近六成。

我国技术获取型的投资主要集中在美国、西欧等发达经济体。总体上，我国在信息传输/计算机服务和软件业、科学研究/技术服务和地质勘查业等技术获取的投资比例不高，2008 年末存量占比仅为 2%，但我国对发达国家投资信息技术领域的投资高于平均水平。以美国为例，我国对美国制造业的投资主要分布在交通运输设备、通信设备/计算机及其他电子设备、通用设备、专用设备等机电产业领域，同时对美信息传输/计算机服务和软件业、科学研究/技术服务和地质勘查业的投资存量占比超过 10%（2009 年末），高出平均水平 8 个百分点。

企业问卷调查进一步证实了上述观点。如表 5.1 所示，开展贸易及营销（52.38%）、加工生产（42.86%）和研发（20.63%）是企业目前对外投资最主要的三项活动。未来 5 年，企业除了要继续加强对这三方面的投资外，还将进一步加强售后服务和品牌经营方面的投资。

表 5.1　　　　企业对外投资的主要经济活动（%）

经济活动	现有的经济活动	未来 5 年的计划
贸易及营销	52.38	55.74
加工生产	42.86	47.54
研发	20.63	42.62
品牌经营	15.87	16.39
售后服务	14.29	29.51
获得能源、资源	11.11	26.23

资料来源：国务院发展研究中心对外经济研究部企业问卷调查。

在此需要指出的是，我国在加工生产领域的投资多数是出于市场、技术和资源方面的考虑，如纺织业对较不发达地区的投资主要是绕开贸易壁垒、稳定外部市场；机电产业对发达经济体的投资主要是为了获得市场和技术，海尔在美国的投资是最典型的案例；对资源加工业多数投向资源较丰富的地区。

第二节　我国对外直接投资正处于由量变到质变的关键时期

早在 20 世纪 90 年代初，我国出于开拓国际市场、利用国外资源考虑，提出要"积极扩大我国企业的对外投资和跨国经营"[①]。当时国家对利用外部市场和资源大方向的把握非常正确，但由于经济发展整体水平低，企业尚不具备境外投资的实力，能够"走出去"的只是个别企业。随着近二十年我国经济的高速增长（1991~2009 年年均增幅 10.4%），我国对外直接

①　中共十四大报告，1992 年 10 月 12 日。

投资已经开始进入发展新阶段，处于量变到质变的关键时期。

一、国际直接投资阶段理论

国际直接投资阶段理论由英国经济学家邓宁教授于 20 世纪 80 年代首先提出。他将一国的国际直接投资状况和该国人均国民生产总值（GNP）联系起来，将直接投资大致划分为四个阶段。第一阶段，人均 GNP 低于或等于 400 美元，由于企业还没有产生所有权优势，不会产生直接投资净流出的现象，同时受本国各种条件制约，外资总的流入量不大；第二阶段，人均 GNP 在 400～1500 美元之间，对外投资仍停留在很低的水平上，只是在邻近地区进行一些投资活动，并通过引进技术及进入国际市场等活动，来实现进口替代投资的经济发展战略，与此同时，外资流入量增加，但主要是利用东道国原材料及劳动力成本低廉的优势，进行一些技术水平较低的生产性投资；第三阶段，人均 GNP 在 2000～4750 美元之间，企业所有权优势和内部化优势大大增强，对外直接投资流出增加，标志着该国对外直接投资已经发生了质的变化，即专业化对外直接投资过程的开始，外资净流入量开始减少；第四阶段，人均 GNP 在 2600～5600 美元之间，进入 FDI 净流出的时期，随着该国经济发展水平的提高，这些国家的企业开始具有较强的所有权优势和内部化优势，并具备发现和利用外国区位优势的能力。国际直接投资的阶段划分及基本特征归纳如表 5.2 所示。

表 5.2　　　　　　　　　　国家直接投资发展阶段的特点

	人均 GNP	FDI 流入	FDI 流出	FDI 净值	所有权及内部化优势
第一阶段	≤400 美元	不大	极少	净流入，但规模小	无
第二阶段	400～1500 美元	增加	较少	净流入，且规模扩大	弱
第三阶段	2000～4750 美元		增加	人均净流入减少	开始增强
第四阶段	2600～5600 美元		继续增加	净流出	较强

资料来源：根据国际直接投资阶段相关理论整理。

二、我国将提前进入专业化对外直接投资阶段

虽然就人均 GDP 而言，我国并没有进入大规模对外投资的阶段，但在

国家政策的引导和支持下，我国正在提前进入专业化对外直接投资阶段。

首先，从人均国内生产总值（GDP）① 来看，我国正接近国际直接投资第二阶段的顶端。我国人均 GDP 在 2009 年超过了 2.5 万元人民币，按 1985 年不变价折合为 3300 多元人民币，相当于 1140 多美元（按 1985 年美元计）。我国人均 GDP 落在了国际直接投资的第二阶段区间内，但是接近第二阶段的上限。按照目前的发展形势，我国由第二阶段向第三阶段迈进指日可待。但需要指出的是，我国地区发展不平衡，东部沿海地区很多省市的人均 GDP 已超过 1 万美元，已经迈入发达经济体水平，具备了大规模对外投资的实力。

其次，从 FDI 流入、流出及净值的情况，我国对外直接投资已经进入了第三阶段。图 5.3 显示，在 2007 年之前我国直接投资净流入、净流出及差额呈现出稳中有升的态势，之后差额和净流入先后出现下降，净流出则迅速提高，但差额依然为正，说明我国对外投资尚未进入第四阶段，而是处于第三阶段。

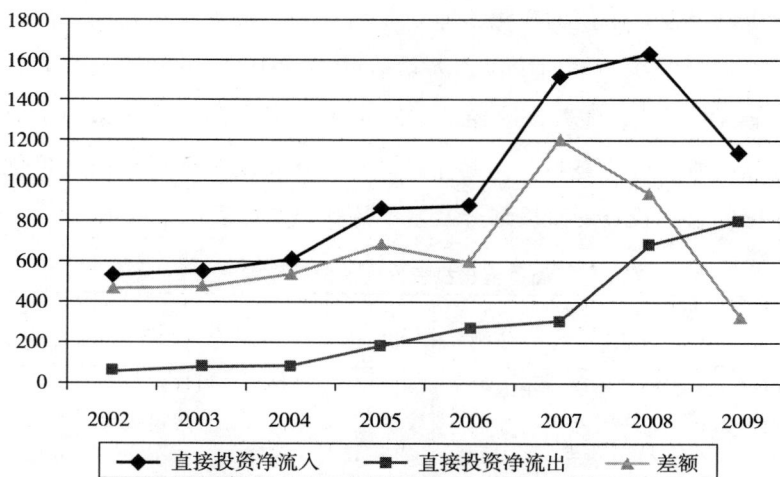

图 5.3　2002～2009 年我国直接投资净流入、净流出及差额情况（单位：亿美元）
注：净流入包括外商直接投资流入及对外直接投资撤回；净流出包括外商直接投资撤走及对外直接投资流出；差额为净流入与净流出之差。
资料来源："国际收支平衡表"，历年《中国统计摘要》。

———————————

① 由于统计原因，在分析中国的情况时使用人均国内生产总值（GDP）数据。

我国直接投资流出入情况之所以脱离了邓宁关于人均 GNP 阶段的划分，主要原因在于我国境外直接投资并不是市场主导，而是国家和政府主导。客观上，我国国际直接投资的发展现状突破了原有的经验理论，在经济实力尚未具备的条件下，获得了境外直接投资的迅速发展。

第三，从我国企业现实中所拥有的所有权优势、内部化优势情况来看，我国境外投资正在由量变向质变——专业化对外直接投资转变。我国绝大多数企业并不是因为具有了所有权优势或内部化优势才走出去的，而是希望通过"走出去"获得所有权优势或内部化优势。很多已经"走出去"的企业正在积累属于自己的所有权优势和内部化优势，而且国际化程度越深，所取得的成绩越显著，如海尔、万向、振华港机等。

目前境外直接投资向专业化阶段的转变对我国经济转型升级而言至关重要：转变顺利，将有力地助推我国由"大国"向"强国"转变；转变不成功，将拖住整个经济转型升级的步伐。

第三节 后危机时代我国境外直接投资面临新的发展机遇

由于缺乏垄断优势、所有权优势、内部化优势，我国企业境外投资是典型的诱发因素在起作用。境外的市场、技术、资源是主要诱因。金融危机期间，出现了一些新的诱因，包括外部资产价格陡降、以前对我国关闭领域的开放、救市措施带来的机会、新兴经济体的兴起等。其中一些诱因是暂时的，随着各国经济的恢复，作用在减弱，如资产价格的下跌，关闭领域的开放等；但有些诱因是长期的，如发达经济体的再制造业化、新兴经济体扩大基础设施投入等。这些长期性的新诱因将与外汇储备增加、人民币升值、"走出去"战略等旧诱因共同作用，在后危机时代为我国境外直接投资向专业化方向发展不断提供着有利的内外部环境。

一、理论基础：投资诱发要素组合理论

相对于垄断优势理论、内部化理论、比较优势理论，该理论更适于解释新兴经济体的对外投资活动。该理论的核心观点是任何形式的对外直接投资都是在投资直接诱发要素和间接诱发要素的组合作用下发生的。

直接诱发要素主要是指各类生产要素，包括劳动力、资本、技术、管理及信息等。直接诱发因素既可存在于投资国，也可存在于东道国，投资国和东道国拥有的要素优势都可能成为两国间直接投资的诱发因素。如美国的技术优势既是本国企业对外投资的诱发因素，也是吸引外国企业对美投资的诱发因素。

间接诱发要素指除直接诱发要素之外的其他非要素因素，主要包括：①投资国政府诱发因素：鼓励性投资政策和法规，政治稳定性及与东道国的协议和合作关系。②东道国诱发因素：投资硬环境状况，包括交通、通讯、水/电/原料供应、市场规模及前景、劳动力成本等；投资软环境状况，包括政治环境、贸易障碍、吸引外资政策、融资条件及外汇管制、法律和教育状况等，以及与投资国的协议和关系。③世界性诱发因素：经济全球化、区域经济一体化、集团化的发展，科技革命的发展及影响，国际金融市场利率及汇率波动，战争、灾害及不可抗力的危害，国际协议及法规等。

一般地，直接诱因是影响对外直接投资的主要因素，但间接诱因的作用也不可小视。对于企业实力不强的发展中经济体，以及发达经济体中的中小企业，间接诱因与直接诱因同样重要。

二、原有长期诱发因素将发挥更大的作用

1. 技术、市场、资源等仍是最重要的直接诱发因素

加大对外开放力度，更加注重统筹国内国际两个大局，利用好"两个市场，两种资源"，是我国经济发展的长期战略方针。我国在高端技术领域与先进国家尚有明显差距，稳定外需是我国经济持续稳定发展的重要保

障，外部资源是解决经济快速发展资源约束的必要条件，这些都成为长期作用于我国对外直接投资的直接诱因。而且经济发展的速度越快，这些诱因的作用力就越大。

2. 外汇储备增多增强了国家层面资本运作实力

改革开放以来，我国外经贸事业大发展，外汇储备迅速扩大。尤其是加入 WTO 之后，我国外汇储备的年均增幅超过 35%，至 2009 年底达到 2.4 万亿美元。我国早已成为世界外汇储备第一大国，国家资本运作的实力大大增强。根据日本"黑字还流"的经验，当一国储备了大量的外汇资产后，发展境外投资是利用好外汇储备的最佳方式之一。相比购买商品和单纯的对外援助，对外直接投资带来的收益将是持续的，而且在较不发达地区的投资还可以帮助东道国建设生产能力，可以获得国际社会的普遍支持。

3. "走出去"战略的进一步推进是最重要的间接诱因

虽然从国家整体实力来看，我国已经进入国际直接投资的第三阶段，但就企业个体而言，我国绝大多数企业还不具备境外投资的实力和能力，在"走出去"过程中需要国家在资金、人才、信息、与东道国的交流等方面给予大力支持。我国"走出去"战略自实施以来，成为企业"走出去"的重要推手。后危机时代，"走出去"战略的进一步推进仍将为我国企业境外投资提供必要的政策和制度保障。

4. 人民币升值提高了企业对外投资的能力

随着国家实力的提升，人民币进入升值通道。2005 年我国第四次汇率改革以来，人民币对美元汇率已经由之前的 8.27 左右升值到 2009 年的 6.83（中间价），升值幅度达到 20%。理论上，当本币升值后，企业以外币投资的能力将会随之增强。美元依然是世界上最通行的国际货币，人民币对美元汇率的升值，将大大提升我国企业使用美元进行海外投资的能力。只要我国经济仍能保持稳定快速发展，人民币币值变化对企业境外投资的作用将会持续下去。

5. 经济全球化与贸易保护手段多样化并存，促使我国企业进一步扩大境外投资

金融危机使国际贸易和投资受到重创，但不会逆转经济全球化的方向。世界具有影响力的大国都对推动多哈回合谈判持积极态度。然而，后危机时代的经济全球化因新贸易保护主义的抬头而具有了一些不同之处。以往的经济全球化通过贸易和投资自由化致力于消除贸易和投资的障碍，而以后的全球化则更多表现为，在消除传统贸易投资障碍的同时，获得与WTO规则允许的贸易保护手段之间的平衡。

目前，全球范围内以买国货、反倾销、知识产权保护、安全标准等为代表的新贸易保护主义正在抬头，而且有愈演愈烈之势。2010年8月26日，美国商务部部长提出加强进口管理的14项政策建议，包括以随机方式而不是以贸易量大小来选取反倾销调查项目，取消单个外国出口企业在特定情况下的反倾销、反补贴豁免等，这些建议如被采纳，将进一步强化美国的贸易保护，尤其是针对中国等非市场经济经济体。

具有新贸易保护主义特征的经济全球化，一方面继续发挥着以往经济全球化的世界性诱发因素的作用，另一方面会促使我国企业规避贸易壁垒投资的增加。

三、新的诱发因素有待积极把握

1. 发达经济体危机应对中蕴藏着企业海外经营的新机遇

无论是危机本身，还是危机应对，都会给企业提供一些难得的机遇。但相对于危机本身所带来的机遇，危机应对蕴藏的机遇更具长期性特征。危机自身所带来的机遇会随着危机的过去而丧失，而应对危机的一些政策或制度改变在危机之后仍将发挥作用。其中比较重要的机遇包括发达经济体的再制造业化、新能源/新材料等新兴产业的兴起和发展、基础设施的更新与改造。以美国为例，美国政府正在加大投入，对传统产业的新能源研发进行支持，以期重振美国制造业竞争力，兴建高铁和构建信息网络以完善基础设施，实施出口倍增计划以扩大市场，等等。在这些措施中蕴藏

着一些新的机遇，如高铁网络建设项目，我国拥有较为成熟的高铁建设和运行技术，可争取参与到美国高铁项目中；我国企业可通过非公共项目，间接介入美国政府的支持项目；我国接近高技术领域的机会将加大。

2. 新兴经济体的崛起

危机中，新兴经济体经济增速虽然放缓，但表现依然抢眼，整体竞争力大幅提高。新兴经济体正在调整发展战略，加大国内基础设施投入，更加注重内外的均衡发展。如韩国计划从 2009 年开始，4 年内投资 380 亿美元，用于基础设施和环保建设项目；印度制定了到 2012 年的公路、港口、机场、电力和经济开发区规划；东欧各国也正在大力发展公路、铁路等基础设施。这些政策，为我国企业利用直接投资开拓新兴市场创造了新的增长空间。经过 30 多年的发展，我国在基础设施、经济开发区等大型项目建设与运行方面积累了丰富的经验和较强的能力。今后我国应通过境外投资，积极开拓与新兴经济体在这些大型项目上的合作。

与此同时，我国自身扩大内需的政策将从供给层面提升我国企业的竞争力，成为其开拓国际市场强有力的支撑。

第四节　抓住时机，切实解决企业"走出去"过程中的困难和问题，实现我国境外直接投资质的飞跃

我国正处在转变经济发展方式的关键期，需要政府采取政策，进一步助推境外投资的大发展。境外直接投资不但有助于企业获得外部市场和技术，提升国际竞争力，而且有助于实现国家经济的内外平衡发展。目前，我国境外直接投资正值向专业化投资转变之机，虽然有众多有利的长期诱因在发挥作用，但企业在"走出去"过程中依然存在很多困难和问题。这些困难和问题解决得好坏，直接关系到我们能否抓住机遇，实现境外直接投资质的飞跃。

一、我国企业"走出去"过程中的主要困难和问题

1. 资金、信息和人才成为企业境外投资的主要障碍

问卷调查显示，资金问题对企业境外投资的阻碍最大。62.39%的企业认为，"企业筹融资能力不足"是对外投资中的主要障碍。"海外竞争情报信息缺乏"和"包括外语人才在内的国际化人才短缺"分列二、三位。另外，我国政府的扶持政策的力度和数量也被很多企业认为是重要障碍，分别有27.37%和24.77%的企业选择了"我国扶持政策力度不足"和"我国扶持政策手段少"。"企业主观能动性不足"也是主要障碍之一。

表5.3   对外投资的主要障碍

主要障碍	企业比重（%）
企业筹融资能力不足	62.39
海外竞争情报信息缺乏	35.93
包括外语人才在内的国际化人才短缺	31.19
我国扶持政策力度不足	27.37
企业主观能动性不足	25.54
我国扶持政策手段少	24.77
投资过程中双方文化、经营理念的差异	24.01
东道国的政策、经济环境准入条件较高或存在壁垒	20.64
我国外汇管理过于严格	15.44
我国贸易投资便利化（签证、商检、设备转移等）程度低，不适应企业的需要	13.91
东道国政府、企业对中国企业不信任	11.93

资料来源：国务院发展研究中心对外经济研究部企业问卷调查。

2. 企业规模小，国内经济效益好，企业境外投资动力不足

问卷调查显示，受访企业的对外投资并不活跃，仅有8.7%的企业有对外投资活动。在尚无对外投资的企业中，80.43%的企业在未来5年依然并无对外投资计划，仅有19.57%的企业有对外投资的意愿。

企业没有对外投资计划的原因有很多。"企业规模小"是最主要因素，43.58%的受访企业将其作为主要原因；"企业产品主要满足国内市场"以及"对外投资风险大，收益低"分别列第二和第三位。

表 5.4 企业没有对外投资计划的原因

原因	企业占比（%）
企业规模小，无力对外投资	43.58
企业产品主要满足国内市场	37.27
对外投资风险大，收益低	29.12
缺乏有能力管理境外企业的人才	28.72
企业不了解境外市场	25.46
国内劳动力素质高、生产环境好，转移到境外后，企业竞争力会降低	22.00

资料来源：国务院发展研究中心对外经济研究部企业问卷调查。

3. 企业的"中国"与"政府"背景成为进入发达经济体的现实障碍

受地缘政治影响，我国企业在"走出去"过程中，尤其是对发达经济体的投资，常常因"中国"与"政府"背景而遭到抵制。以美国为例，美国政府将政治与经济挂钩，不断地从意识形态角度考虑中国对美投资，导致中国企业在投资和经营过程中受到不公平对待。如在签证方面给予中国赴美商务人员差别待遇。据美国中国商会了解，中国籍人员赴美的工作签证（H1）只允许三个月有效两次入境，而其他国籍的 H1 签证可取得多至三年的多次入境。

4. 市场不成熟成为企业进入新兴经济体的主要障碍

随着世界经济形势的变化，我国需要积极开拓新兴经济体市场。而且从产业跨国转移角度，我国对后进新兴经济体的投资可以帮助企业降低成本，获取东道国资源，规避针对我国的贸易比例，提升国际竞争力。但是这些经济体市场不成熟，信息不畅、市场不规范、劳动力素质低等问题成为我国企业对其投资的主要障碍，很多已经投资的企业出现撤资的现象。以越南为例，越南的劳动力成本低，吸引了我国部分受贸易保护影响严重的行业企业赴越南投资，但真正能够经营下去，并且做大做强的企业基本没有。

二、完善"走出去"政策支持体系，充分发挥政府的积极作用

对应着企业对外投资的主要障碍，64.39% 和 56.21% 的企业认为，政府在企业对外投资活动中所发挥的主要作用应是"提供资金支持"和"改

善融资环境"。另外，出于"海外竞争情报信息缺乏"的困难，53.48%的企业希望政府可以通过"提供信息支持"的方式帮助企业进行对外投资。"简化审批程序"、"加强专业人才的培训"以及"加强海外权益保护"等也被企业认为是政府可以发挥重要作用之处。

表 5.5　　　　　　　　　政府在企业境外投资中的作用

政府的作用	企业比重（%）
提供资金支持	64.39
改善融资环境	56.21
提供信息支持	53.48
简化审批程序	43.48
加强专业人才的培训	41.36
加强海外权益保护	36.97
加强对企业海外品牌建设的支持	33.48
帮助企业解决在东道国生产经营过程中的矛盾	33.18

资料来源：国务院发展研究中心对外经济研究部企业问卷调查。

1. 资金支持体系

——扩大财政支持范围，加大财政资金支持力度。可考虑设立"走出去"专项资金，支持我国企业的国际化经营。

——创新税收支持政策，我国企业境外投资带出的自用设备物资免除配额和出口关税，给予足额退税；提高企业派出人员的个税起征标准，免征劳务人员个税。

——增加中国出口信用保险公司对企业境外投资的保险额度，提高保险力度。

——加快我国金融机构的海外布局，增强其向中国海外企业的融资能力。

——进一步完善"内保外贷"政策，允许企业以境外资产权益抵押申请境内贷款。

——切实改善境外经贸合作区的融资环境。可考虑向商业性金融机构贴息，促使其对需要从基础设施开发做起的境外经贸合作区开发企业，包括入园企业，放宽内保外贷标准，降低费率，简化审批手续。

——从财政、融资环境等方面，完善对跨境并购活动的支持政策，加大对我国企业海外并购的支持力度。

2. 信息支持体系

——政府应构建公共信息服务平台，及时发布和更新海外相关行业的发展和市场需求信息。

——充实和发布东道国文化和习俗方面的信息。尊重东道国文化和习俗，是企业在境外投资获得成功的非常重要的非经济因素。

——就"企业所需信息"这一问题进行定期调查，对企业比较关心的信息，及时收集和发布。

——参照有关国家的做法，由政府对企业对外投资购买"定制"信息服务的费用提供一定比例的补贴。

——加强海外投资的风险监测和预警工作，建立投资合作国别风险数据库，评估、发布风险预警和提示，及时提醒企业可能面临的风险。

3. 人才支持体系

——利用各种教育培训资源，加强对企业负责人和从业人员国际化经营和管理方面的培训。

——加强法律方面的人才培训。企业在海外设厂经营或并购的过程中，应当改变固有观念，努力学习、熟悉当地法律，适应当地的用工环境。政府应在这些方面向企业提供相应的培训和咨询服务。

——构建具有国际化经验的专业人才库，尤其是语言方面的人才库。缺乏语言人才往往是企业开拓新兴市场的重要障碍之一，构建语言人才库将帮助企业降低找寻成本，提高效率。

4. 外交支持体系

——加强对外宣传工作，统筹建立"走出去"国际舆情监测应对体系，把握舆论导向，营造有利的舆论环境。

——借鉴国际经验，善加利用对外援助。将提供对外援助与受援国为我国企业投资提供便利进行统筹考虑，为推动我国企业参与受援国的项目建设、扩大投资提供有利条件。

——在建设境外经贸合作区方面，应积极发挥驻外使领馆作用，帮助经贸合作区开发企业同当地政府打交道，促使当地政府为园区建设提供便利。

——在企业海外并购或设厂过程中，驻外使领馆应帮助和引导企业加强与东道国政府的交流和沟通，增进彼此的互信。

——加强对海外工作人员的安全和权益保障，推进境内外社会保障和保险的对接，加强对境外资产和人员的领事保护。

5. 管理服务支持体系

——设立境外投资执行机构的协调机制，构建各有关部门都可接入的管理信息平台，针对企业在"走出去"过程中遇到的问题，及时沟通解决。

——简化审批手续，在管好国有资产"走出去"的同时，为民营企业"走出去"提供便利。

——完善境外投资的统计，建立科学的政策绩效考评体系，提高政策的有效性。

——加强对境外投资相关管理部门的人员培训，为企业"走出去"提供更好的管理与服务。

本章完成人：张丽平。

第六章

企业境外直接投资问卷调查

为了能更准确客观地掌握我国企业境外投资的状况，在商务部产业损害调查局的大力支持下，对企业进行了问卷调查，就企业的基本情况、境外投资状况和政策诉求等四个方面的问题进行了调查。截至 2010 年 7 月 4 日，共回收有效问卷 697 份。

第一节 基本情况

一、地区分布

本次调查涉及全国，包括北京、上海、天津、河北、河南、安徽、辽宁、内蒙古、广东、宁夏、甘肃、福建、青海、山东、广西、陕西、贵州、四川、海南、云南、河北、河南、浙江、湖北、湖南、江苏、上海、吉林、黑龙江、江西、新疆等 28 个省市和自治区，其中安徽、辽宁、四川、湖北、河南五地接受调查的企业较多，超过了 50 家。受访企业的地区分布如表 6.1 所示。

二、企业类型分布

受访企业中，民营企业数量最多，达 282 家，占受访企业总数的 40.69%；

表 6.1   受访企业的地区分布

地区	数量	地区	数量
安徽	52	辽宁	72
北京	7	内蒙古	14
福建	22	宁夏	5
甘肃	30	青海	17
广东	25	山东	18
广西	34	陕西	3
贵州	4	四川	80
海南	9	天津	11
河北	27	云南	11
河南	63	浙江	28
湖北	67	江苏	3
湖南	13	上海	1
吉林	27	黑龙江	1
江西	12	新疆	39

集体企业数量最少，仅为 27 家，仅占 3.9%；外商投资企业和国有企业数量分别为 219 和 165 家，分别占受访企业总数的 31.6% 和 23.81%（如图 6.1 所示）。

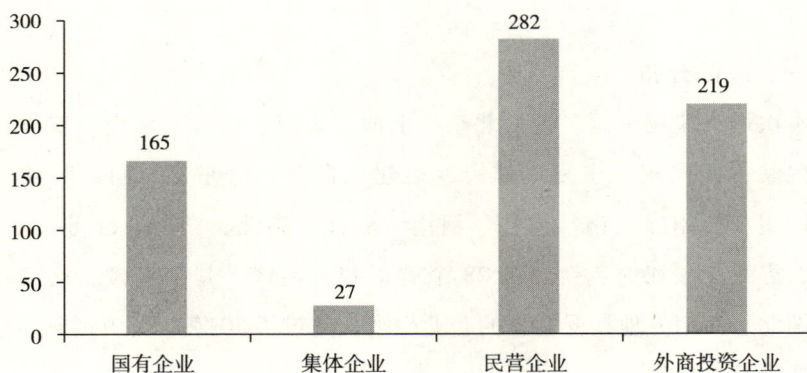

图 6.1 受访企业的类型

在所有外商投资企业中，外资的注册国家和地区相对较为集中，排名前三个地区分别是港澳、日本和美国，占所有受访外资企业的 44%，其中港澳企业占比最大，数量为 68 家，占 31%；日资企业排名第二，为 43 家，占 20%；美资企业数量为 19 家，占 9%（参见图 6.2）。

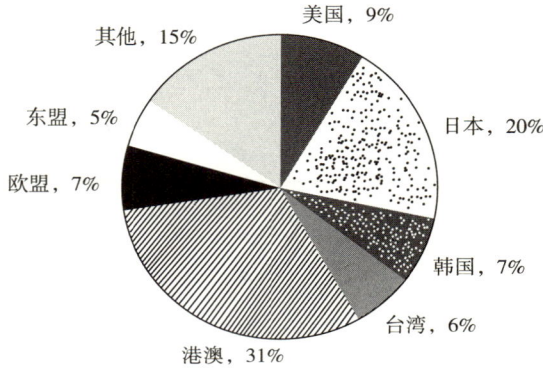

图 6.2　外商投资企业的注册国/地区

三、行业分布

表 6.2 显示了受访企业的行业分布情况。由于本次调查问卷完全是随机发放，因此，受访企业的行业覆盖面明显较大。其中，受访企业数量最多的行业为纺织、服装、鞋、帽、皮革、毛皮、羽毛制造业，有 112 家；其次为食品、饮料、烟草制造业，较前者少了 17 家，为 95 家。

表 6.2　　　　　　　　　受访企业的行业分布

所处行业	企业数量
食品、饮料、烟草制造业	95
纺织、服装、鞋、帽、皮革、毛皮、羽毛制造业	112
木材加工及木、竹、藤、棕、草制品业，造纸及纸制品业	22
石油加工、炼焦及核燃料加工业	2
化学原料及化学制品业，化学纤维制造业	70
医药制造业	15
橡胶制品业	15
塑料制品业	15
非金属矿物制品业	16
黑色金属、有色金属冶炼及压延加工业，金属制品业	55

续表

所处行业	企业数量
通用、专用设备制造业	64
交通运输设备制造业	36
电气机械及器材制造业	34
通信设备、计算机及其他电子设备制造业	29
仪器仪表及文化办公用机械制造业	10
其他行业	107

四、内外销结构

受访企业的出口占全部销售额比重指标见图 6.3。对于绝大多数受访企业来说，出口占全部销售额的比重处于 25% 以下，具体而言，有 328 个企业，占总样本的 49.4%。这表明对于多数企业来说，国外市场并不是业务的主要方向，仅占不到销售额的 1/4。93 个受访企业的出口比例在 25% 至 50% 之间，还有 210 个受访企业的出口比例超过了 50%。对于这些企业来说，出口市场是其销售的主要方向，其中还有 43 个企业是纯粹的外贸企业，出口比例达到 100%。

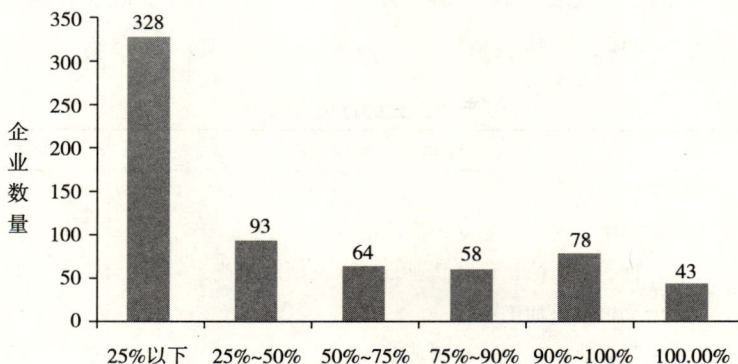

图 6.3　出口/销售额的比重

从主要出口市场上看，按照选择的企业数量计，受访企业的主要出口市场排名前三的分别为东南亚市场、日韩市场和美国市场，数量分别为147、115 和 73（参见图 6.4）。

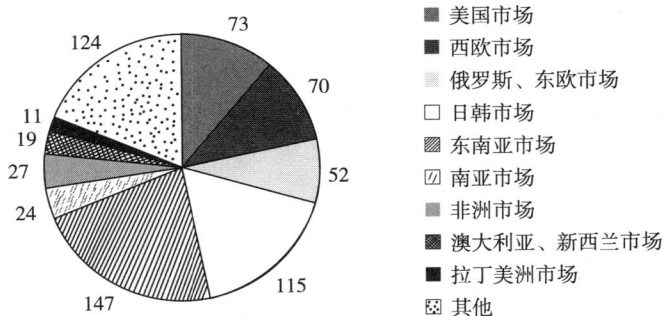

图 6.4　主要出口市场

第二节　对外投资情况

总体来看，受访企业的对外投资并不活跃，受访企业中，仅有 61 个企业有对外投资活动，占比为 8.98%，而超过 90% 的企业根本没有对外投资。

一、已投资的企业状况分析

1. 国家/地区分布

受访企业的对外投资主要集中于亚太地区，包括北美、日本、韩国、东南亚，共有 20 家受访企业对这些地区进行了投资（参见表 6.3）。

表 6.3　　　　　　　　　对外投资的主要国家或地区分布

国家/地区	企业数
西欧	4
北美	9
日本、韩国	6
澳大利亚、新西兰	2
俄罗斯、东欧等欧洲新兴经济体	4
东南亚新兴经济体	5
印度等南亚经济体	4
中亚、蒙古国	1
中东地区	3

2. 对外投资的主要经济活动

如表6.4所示，开展贸易及营销（52.38%）、加工生产（42.86%）和研发（20.63%）是企业对外投资最主要的三项活动。随后依次是品牌经营（15.87%）、售后服务（14.29%）、获得能源资源（11.11%）。

表6.4　　　　　　　　　　对外投资的主要经济活动

经济活动	占比（%）
贸易及营销	52.38
加工生产	42.86
研发	20.63
品牌经营	15.87
售后服务	14.29
获得能源、资源	11.11

3. 对外投资的方式

在对外投资的方式选择上，37.70%的企业选择新建合作合资企业的方式，32.79%的企业选择新建独资企业，只有18.03%的企业选择海外并购。

4. 企业对境外投资作用的评价

70.97%的企业认为对外经济活动的主要作用之一是"扩大市场规模"；53.23%的企业认为境外投资可以"获得更多的利润"；45.16%的企业认为可以"提升企业的国际竞争力"；32.26%的企业认为可以"提升技术水平"；29.03%的企业认为可以"提高企业的设备开工率"；29.03%的企业认为可以"收购或打造国际品牌"；27.42%的企业认为可以"规避贸易壁垒"。而认可"利用海外低成本制造优势"、"解决能源和资源瓶颈问题"、"向海外转移了过剩产能"的企业较少（参见表6.5）。

表6.5　　　　　　　　　　对外经济活动对企业的作用

境外投资的作用	企业占比（%）
扩大市场规模	70.97
获得更多的利润	53.23
提升企业的国际竞争力	45.16
提升技术水平	32.26

续表

境外投资的作用	企业占比（%）
收购或打造国际品牌	29.03
提高企业的设备开工率	29.03
规避贸易壁垒	27.42
利用海外低成本制造优势	20.97
解决能源和资源瓶颈问题	20.97
向海外转移了过剩产能	12.90

5. 未来 5 年的对外投资计划

在谈及未来 5 年的对外投资计划时，在 60 家已有对外经济活动的企业中，仅有一家准备降低对外投资规模，其余 59 家都准备至少维持现有水平，其中有 43 家准备扩大对外投资规模。

在对外投资的地点选择上，绝大多数企业选择在现有投资基础上，增加对其他市场投资，占比 90.74%。

在将扩大的对外经济活动方面，调查显示，排名前三的对外经济活动类别和已有的对外投资类别的前三名是一致的：55.74% 的企业选择了“贸易和营销”，47.54% 的企业将进一步扩大“加工生产”，42.62% 的企业将增加“研发”活动（参见表 6.6）。

表 6.6　　　　　未来 5 年将扩大的对外经济活动

项目	企业占比（%）
贸易及营销	55.74
加工生产	47.54
研发	42.62
售后服务	29.51
获得能源、资源	26.23
品牌经营	16.39
建设海外经贸合作园区	3.28

总体而言，未来 5 年企业的对外经济活动将延续现有结构，但考虑到未来选择研发的企业比例（42.62%）明显高于现有比例，预计未来研发活动在整体对外经济活动中比例会有所上升。

二、没有投资的企业状况

在目前尚无对外投资活动的企业中，78.55%的企业在未来5年依然并无对外投资计划，仅有21.45%的企业有对外投资的意愿。

1. 企业缺乏对外投资意愿的原因

调查显示，企业没有对外投资计划的原因有很多。"企业规模小"成为限制对外投资的主要因素，有43.58%的企业将其作为主要原因之一；"企业产品主要满足国内市场"以及"对外投资风险大，收益低"分别列于第二和第三大原因。之后还有缺乏管理人才、不了解境外市场以及企业竞争力等因素（参见表6.7）。

表6.7 企业没有对外投资计划的原因

原因	企业占比（%）
企业规模小，无力对外投资	43.58
企业产品主要满足国内市场	37.27
对外投资风险大，收益低	29.12
缺乏有能力管理境外企业的人才	28.72
企业不了解境外市场	25.46
国内劳动力素质高、生产环境好，转移到境外后，企业竞争力会降低	22.00

2. 企业计划对外投资的主要目的

"建立或收购海外销售渠道"同样是企业计划对外投资的主要活动，有47.53%的企业选择了该项活动；43.64%的企业将"降低生产成本"作为重要目标，39.22%的企业选择了"技术"（参见表6.8）。

表6.8 对外投资活动的主要目的

主要目的	企业占比（%）
建立或收购海外销售渠道	47.53
降低生产成本	43.64
技术	39.22
收购或打造国际品牌	36.62
规避贸易壁垒	25.45
海外研发能力	23.90
能源、资源	23.38
提高劳动生产率	16.88

3. 投资方式和目的地

在谈及未来的投资方式时，62.16%的企业选择新建企业，36.09%的企业选择海外并购的方式。

在对外投资方向上，东南亚新兴经济体、日韩和非洲是主要对外投资的意向地（参见图6.5）。

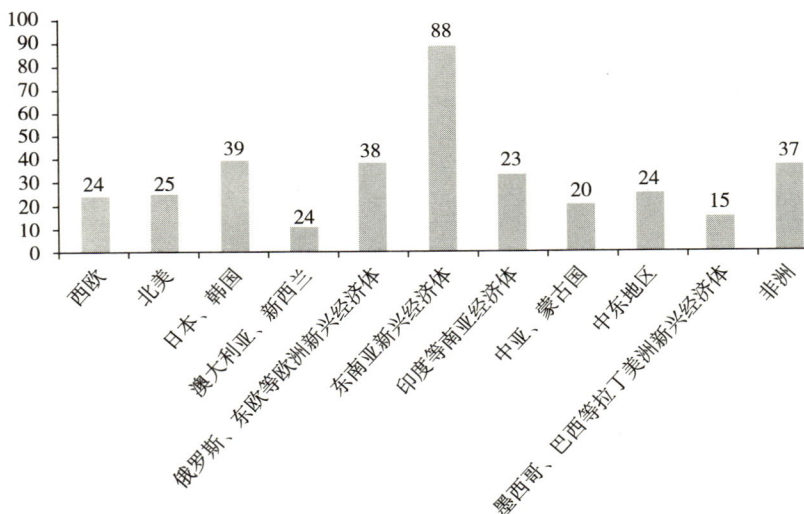

图6.5　未来企业计划对外投资的主要目的地

第三节　政策诉求

一、企业对外投资的主要障碍

如表6.9所示，资金问题成为企业对外投资的主要瓶颈。62.39%的企业认为，"企业筹融资能力不足"是对外投资中的主要障碍。"海外竞争情报信息缺乏"和"包括外语人才在内的国际化人才短缺"分列二、三位。另外，我国政府的扶持政策的力度和数量也被很多企业认为是重要障碍，分别有 27.37% 和 24.77% 的企业选择了"我国扶持政策力度不足"和"我国扶持政策手段少"。"企业主观能动性不足"也是主要障碍之一。

表 6.9 　　　　　　　　　　对外投资的主要障碍

主要障碍	企业比重（%）
企业筹融资能力不足	62.39
海外竞争情报信息缺乏	35.93
包括外语人才在内的国际化人才短缺	31.19
我国扶持政策力度不足	27.37
企业主观能动性不足	25.54
我国扶持政策手段少	24.77
投资过程中双方文化、经营理念的差异	24.01
东道国的政策、经济环境准入条件较高或存在壁垒	20.64
我国外汇管理过于严格	15.44
我国贸易投资便利化（签证、商检、设备转移等）不适应企业的需要	13.91
东道国政府、企业对中国企业不信任	11.93

二、政府的作用

对应着企业对外投资的主要障碍，多数企业认为，政府在企业对外投资活动中所应发挥的主要作用应是"提供资金支持"（64.39%）和"改善融资环境"（56.21%）。另外，出于"海外竞争情报信息缺乏"的困难，53.48% 的企业希望政府可以通过"提供信息支持"的方式帮助企业进行对外投资。"简化审批程序"、"加强专业人才的培训"以及"加强海外权益保护"等也被企业认为是政府可以发挥重要作用之处（参见表 6.10）。

表 6.10 　　　　　　政府在过剩产能"走出去"中的作用

政府的作用	企业比重（%）
提供资金支持	64.39
改善融资环境	56.21
提供信息支持	53.48
简化审批程序	43.48
加强专业人才的培训	41.36
加强海外权益保护	36.97
加强对企业海外品牌建设的支持	33.48
帮助企业解决在东道国生产经营过程中的矛盾	33.18

另外，有部分企业希望政府能够加强海外权益保护、帮助企业解决在东道国的矛盾，以及加强对企业海外品牌建设的支持。

三、自贸区框架下，更好地发挥政府促进企业境外投资的作用

总体而言，企业认为自贸区对企业国际化经营具有一定的帮助：46%的企业认为"非常有帮助"，49%的企业认为"有帮助，但不明显"，仅有5%的企业认为"根本没帮助"。

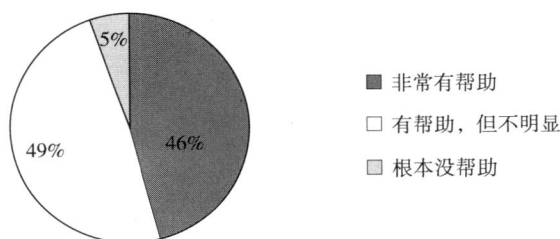

图 6.6　中国与其他国家/地区成立的自由贸易区对企业国际化经营的影响

以中国—东盟自由贸易区的为例，认同人员往来更加便利的积极作用的企业占比最大，达到了38%；29%的企业认为"信息互通便利"作用重大；16%的企业认为其"有利于开拓东盟市场"；10%的企业认为这使得"对东盟投资更加便利"；还有7%的企业认为零关税"有利于改善企业融资"（参见图6.7）。

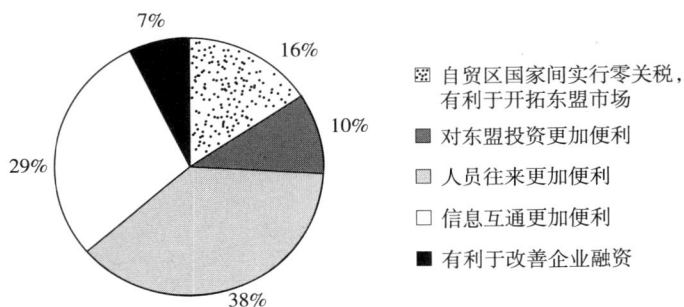

图 6.7　中国—东盟自由贸易区的作用

在自贸区对企业调整境外投资布局的影响方面，仅有29%的企业将增

加在自贸区成员国的投资，50%的企业认为不会受到自贸区的影响，还有21%的企业选择减少在自贸区成员国的投资（参见图6.8）。

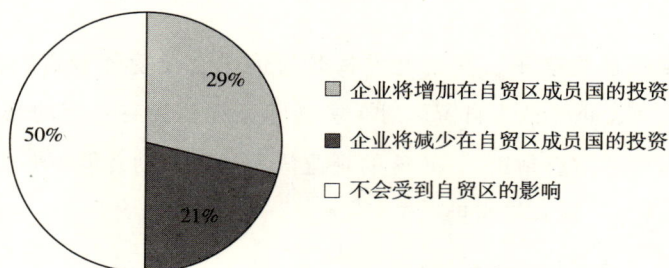

图6.8　自贸区对贵企业调整境外投资布局的影响

有46.69%的企业建议政府在自贸区框架下，"建立可供所有成员国语言查询的区域内公共信息平台，提供各成员国的政策、市场、金融、人才信息"。另外，分别有22.44%和18.67%的企业认为"改善成员国商务人员的签证"和"加大政策性金融服务力度"是政府可以发挥重要作用的领域（参见表6.11）。

表6.11　自贸区框架下，更好地发挥政府促进企业境外投资的作用

作用领域	企业比重（%）
建立可供所有成员国语言查询的区域内公共信息平台，提供各成员国的政策、市场、金融、人才信息	46.69
改善成员国商务人员的签证	22.44
加大政策性金融服务力度	18.67
开展国际化人才联合培养	4.37
定期举办贸易交易会/投资项目推介会	2.41
其他	5.42

本章完成人：张丽平，官皓。

第七章

制造业海外投资行业案例

第一节 案例之一：机床行业

一、机床行业海外并购的基础条件和机遇

1. 国内外产业发展现状

机床行业在装备制造业中具有基础性和战略性的地位，产品涉及汽车、机械、铁路、家电、航空及能源等诸多产业，机床产业的技术水平不仅作用于下游行业的发展，也在一定程度上成为衡量国家制造业技术水平和综合实力的重要指标。

世界机床步入数控化时代后，生产国和消费国日趋集中，2008 年前十名的机床产值之和为 774.5 亿美元，占世界机床产值的 91.06%，前五名产值之和达全球的 73.5%，而前十名机床消费国之和为 658.67 亿美元，占世界总产值的 77.4%。在生产国中，技术实力最强、国际市场占有率最高的是德国、美国和日本的企业。

我国机床工业自改革开放以来，通过引进技术、人才、外资，大大提升了产业发展水平，近年来，行业保持快速发展态势，2003 ~ 2008 年行业年均增长率达到 26%，2008 年总产值达到 130 亿美元；行业产值占全球行业产值的比重不断提高，2008 年已达 17%，连续 4 年成为世界第三大机床生产国；截至 2009 年 6 月，我国机床行业产量数控化率已经达到 23%。在国内市场，国产机床的市场占有率从 2000 年的不足 40% 提高到 2008 年的 60% 以上，但其中数控机床对进口依赖程度仍高于 50%，部分高档机床甚至达 85% 的市场份额由国外产品占据。为应对金融危机、促进产业发展，我国不断出台一系列支持政策，包括《装备制造业调整振兴规划（2009～2011）》、《高档数控机床与基础制造装备重大专项计划》等，机床工具行业三年振兴规划的目标是，国产机床国内市场占有率提高到 70% 以上，其中数控机床占有率提高到 40% 以上。

2. 我国企业加快海外投资的机遇

从国际机床行业的自身特点看，一方面企业规模普遍较小，美国 60% 以上的机床企业员工人数不足 100，德国机床工具企业平均员工人数 120 多人，且大多数机床为家族企业；另一方面企业市场集中度高，主要企业技术资源丰富、国际知名度高。

金融危机后国际机床工业发展景气大幅下降，这些规模较小的企业抵御经济危机能力薄弱，其中不少因市场需求变化而陷入困境，也为我国机床企业开展国际并购创造了良机。

与此同时，我国一直积极鼓励企业海外投资，特别是金融危机后宏观经济表现稳定、企业资金实力突显，为制造业企业跨国投资并购提供了难得的历史机遇。而我国机床工业虽然近年发展较快，但许多高端机床和特殊产品仍依赖进口，在技术开发能力上与国际先进企业仍存在较大差距。机床产业的未来发展，在很大程度上取决于技术进步与升级。为满足国内相关产业和市场快速发展的需要，获取国外技术资源的支持成为产业发展的重要途径；而借收购国外企业获得品牌效应和销售网络，成为我国企业开拓国际市场的重要渠道。

二、我国机床行业海外投资并购的基本情况

在我国装备制造工业中，机床行业率先实践海外投资并购，对机械行业和制造业对外投资发挥了积极的示范作用。

我国机床行业的海外并购始于本世纪初，2002～2008 年间，已完成的并购项目共 13 项，并购对象均来自发达国家，其中德国 6 项，美国 3 项，日本 2 项，法国 1 项，英国 1 项。各项并购运转良好，都已达到预期目的。目前还有多项并购项目正在沟通和洽谈之中。

机床企业海外投资并购的目的，主要包括三个方面：一是直接获取境外高水平技术资源，改变以往单项技术引进受限于技术寿命年限、加工生产技术含量低、合作生产无法获得完整知识产权等问题，有效提高我国机床企业和产品的技术水平；二是有效利用当地成熟的销售网络，充分发挥贴近市场和信息丰富的优势，加快开拓发达国家市场；三是通过获取国外已被行业认可的品牌，提升我国机床企业和整个行业的国际知名度。通过海外投资并购，不仅达到上述目标，而且通过提升产品质量和技术升级，通过人才培养、提高跨国经营管理水平，提高企业效益和行业的整体国际竞争力。

三、重点案例分析

根据机床工具行业协会提供的资料，我们对机床行业海外并购重点案例进行了分析，不仅有表 7.1 中的成功案例，还包括一些失败案例①。从中我们可以看出：我国机床行业的国际并购具有一定的特殊性，但其中也存在一些值得其他制造业行业和企业借鉴的普遍性经验。

并购前双方充分沟通，做好尽职调查（Due deligence）②，了解相互需求；

并购项目单项投资规模不大，中方企业资金压力小；

并购对象在行业中具有独特技术，多居于行业领先地位和较高市场认

---

① 20 世纪 80 年代初，在与一家境外投资集团共同并购美国数控机床生产企业的过程中，由于缺乏经验未做详尽的"尽职调查"，并购后虽然获得厂房及硬件设备，但原企业关键技术人员离职离厂，导致最终未获得我国企业急需的技术。

② 例如，北京第一机床厂与德国 Coburg 厂有 20 年合作关系，彼此较为了解，又通过国际评估团队做"尽职调查"，进一步掌握软、硬资产数据，进行风险因素及职工对并购态度的调查。

知度，通过并购，我方获得急需技术，大大缩短技术升级进程；

中方控股或独资，对并购后的企业掌握决策权、控制权和财权；

雇佣外方职业经理人，具有管理经验、熟悉当地市场、便于管理当地职工；

并购后择优选用原有企业技术人员和职工，保持企业发展稳定（在多起并购案例中，中方曾多次组织原企业员工座谈，其最为担心的问题不外乎企业转移到中国、就业机会丧失等）；

加强对海外企业的监管；

注重文化交融，促进相互了解；

双方在技术、资金和市场等多方面优势互补，并购后企业效益提升、获得双赢。

表 7.1　　　　　　我国机床企业海外并购成功案例分析汇总

中方企业	并购对象	对象困难	对象优势	并购结果
秦川机床集团	美国 ABM 公司	小型家族企业，面临经营后继无人，被迫出让	产品属世界知名品牌，技术成套，美国排名第二。地处美机床市场中心，具有丰富用户信息	中方控股后，平稳过渡，继续开发产品接受订货，经营效益良好
哈量集团	德国 Kelch 公司	家族企业，因经营方针失误，经不起市场不景气风险	属德国量具量仪知名企业，原有产品属世界品牌，技术积累颇丰	得到资金和中方市场支撑，继续盈利。后续在德建销售公司，成为我优势产品进入海外重点市场的桥头堡，扩大出口
杭州机床集团	德国 aba 磨床公司	在行业并购大潮中感势单力薄，需中方市场支撑	德国磨床企业三强之一	合资，中方控股，双方技术互补，互利双赢，提升中方国际知名度
北京第一机床集团	德国 Waldrich Coburg 机床厂	母公司投资失利宣布出让	世界有名重型机床企业	中方全资并购，双方优势互补，共同承接国内、国际订货。由于就业稳定、税收增加，德当地政府对并购十分满意，社会舆论评价较高

四、对我国制造业海外投资的启示

国际金融危机和我国机床产业的快速发展，为我国机床企业开展海外投资和国际并购提供了难得的历史机遇。而从我国机床企业进行的国际并购看，其目的不仅仅为了短期内扩大生产规模、提高市场占有率、获取高额投资回报，而是更多从长远发展的角度出发，通过获取先进技术、提高经营管理水平、完善产品营销渠道，提升企业和机床行业整体的国际竞争力。

从机床行业企业海外投资的实践，我们得到以下政策启示。

首先，在现阶段应鼓励企业抓抢金融危机带来的机遇，在国外企业因市场萎缩、市值大幅缩水、经营面临困境之时，大胆寻找跨国并购的机会。

第二，在选择并购对象企业时，应重点关注具有技术优势、居行业领先地位、有较高市场认知度和较为完备的市场营销网络的企业，可以通过并购，直接获得上述资源，弥补我国产业发展的短板。

第三，并购前应对并购项目的技术价值和后续发展空间、经营状况和盈利预期、劳资关系和当地投资环境情况进行审慎、细致的调查。

第四，并购后应在加强监管、掌握企业决策权和财权的前提下，充分实行本地化管理和运营，尽可能使用企业原有技术人员和员工。稳定的局面不仅有利于企业平稳过渡，而且有助于获得当地政府和社会的认可，营造良好的投资经营环境。

第五，制造业海外投资往往涉及企业或行业核心及前沿技术，需认真研究、妥善处理并购中涉及敏感技术和高技术转移的问题，避免引起误解和不必要的争端。

最后，建议政府加大对制造业企业海外投资并购的支持，尤其是通过放松外汇管制、政策鼓励和金融支持等措施，助推企业抓住机遇。

第二节　案例之二：汽车行业

一、中国在全球汽车行业中的地位正在上升，但依然大而不强

经过最近 10 年的发展，中国汽车工业的规模迅速扩大。据国研网重点行业数据库统计，中国汽车工业的产值已从 1998 年的 2787 亿元增长到 2008 年的 18728 亿元，10 年增长了 5.7 倍。2009 年，中国汽车业产销分别达到 1379 万辆和 1364 万辆，同比增长 48% 和 46%，按产销量计算，中国已成为全球第一大汽车生产国和第一大汽车市场。

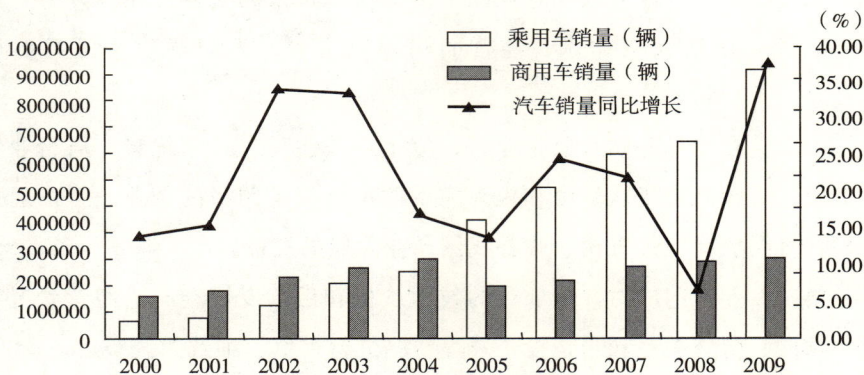

图 7.1　2000～2009 年中国汽车分车型销量与增长情况

资料来源：中国汽车工业协会，安邦制图。转引自"全球汽车市场格局因中国而发生改变"，陈功，李海英，网易汽车。

但是，与世界主流汽车厂商相比，中国汽车企业在技术、品牌方面仍然明显落后。目前，全球汽车工业主要是六大三小格局，六大是指丰田、大众、通用、福特、雷诺—日产联盟，以及菲亚特—克莱斯勒联盟；三小则是指现代—起亚、本田，以及标志—雪铁龙。这九大企业大约占据了 2008 年全球汽车市场 80% 以上的份额。中国的汽车产量虽然大，但却是合资品牌占主导地位。据中国汽车工业协会的统计，2009 年按销量计算，合资品牌在国内轿车市场所占的份额高达 70%。由于自主品牌无论在技术水平还是市场知名度方面都与合资品牌存在不小的差距，国际竞争力比较

弱，中国的汽车工业总体上还是依靠国内市场在发展，国际市场份额很小。据世界贸易组织（WTO）统计，2008年中国汽车产品出口287亿美元，占全球的市场份额仅为2.3%，远远低于日本的13.9%和美国的9%。另据国研网重点行业数据库的统计数字，2008年中国汽车行业出口交货值为1810亿元人民币，仅占当年汽车行业销售产值的9.7%。

二、中国汽车企业的对外投资日趋活跃

面对技术和品牌方面的劣势，近年来中国汽车企业正在积极开展对外投资，希望借此扩大市场份额，并增强技术实力。

在直接投资建厂方面，奇瑞目前已在伊朗、俄罗斯、乌克兰、埃及、印度尼西亚、乌拉圭等6个国家建立了7个组装工厂，在当地形成了市场规模和零部件供应和维修能力。一汽在乌克兰、南非、越南、巴基斯坦、坦桑尼亚、墨西哥等国家建立了海外组装基地。长安目前已在巴基斯坦、孟加拉国、埃及、阿根廷等国建有生产基地。中兴汽车在俄罗斯、埃及、伊朗、土耳其等地建立了海外工厂。2005年，哈飞汽车通过技术转让与NAZA汽车制造公司在马来西亚合作建厂。吉利分别于2005年和2007年在马来西亚和印度尼西亚建厂。2007年，华晨、长城汽车、重汽集团均在俄罗斯投资建厂。

除了设立生产基地，不少企业还在海外设立了研发中心，这包括长安、江淮、奇瑞、华晨和曙光。上汽集团则在2005年从英国罗孚购买了罗孚75、25型轿车，以及全系列（K、L）发动机的知识产权，并在英国伯明翰设立研发中心。

并购或参股也正在成为中国车企新兴的对外投资方式。上汽集团在2002年购买了韩国大宇汽车10%的股份，并在2004年投资5亿美元控股韩国双龙汽车。万向集团已在全球收购了总计31家汽车零部件企业。

2008年10月全面爆发的全球金融和经济危机沉重打击了全球汽车工业，导致国外众多著名汽车企业陷入严重的经营困境，从而成为中国汽车企业发起海外并购的新契机。

2009 年 3 月，吉利全资收购澳大利亚变速箱生产商 DSI 公司。2009 年10 月，腾中重工与通用汽车就收购其手中的悍马汽车业务达成一致。2009年 11 月，北京京西重工收购德尔福公司的减振和制动业务。2009 年 12月，吉利汽车与福特汽车就收购其手中的沃尔沃轿车公司达成一致。2009年 12 月，北汽控股与通用汽车达成协议，正式收购萨博汽车的相关资产和生产线。

从以上情况可以看出，中国车企的海外投资明显经历了一个逐步摸索的过程。起先是搞小规模的海外组装厂，投资主体主要是打自主品牌的本土企业，目的在于进入发展中国家的本地市场。随着经验的积累和中国汽车工业整体实力的增强，中国车企对外投资的主体、目的、方式和目的地都趋向多元化。不仅本土企业，合资企业对海外投资也日益积极；除了获得市场，以获取技术、研发能力、营销及售后服务网络为目的的投资明显增多；投资方式从建厂扩展到并购、参股、设立海外研发中心，甚至是技术输出；投资目的地越来越多地指向发达国家。

三、上汽收购双龙案例分析

中国汽车工业对外投资的步伐在加快，其中的风险有多大？上汽收购韩国双龙是一个比较典型的案例。我们试图通过对该案例的分析，总结出一些值得中国企业借鉴的经验和教训。

2004 年 7 月，上海汽车工业（集团）总公司和朝兴银行就上汽集团收购双龙汽车控制权的有约束力谅解备忘录的条款达成一致意见。2005 年 1月，上汽集团以 5 亿美元正式收购双龙汽车 48.92% 股权，成为双龙的第一大股东。这是当时中国汽车工业交易金额最大的一笔海外投资。但是，在四年之后的 2009 年 1 月，双龙汽车正式申请破产保护，从而宣告了上汽的投资失败。那么，失败的原因是什么呢？

1. 上汽收购双龙并非是准备不足

首先，由于与双龙早有合作关系，上汽对双龙汽车的情况应该是比较熟悉的。2002 年，双龙汽车进行企业调整，着力发展乘用车，欲出让其重卡生产线，最终上汽集团子公司上海汇众出资 320 万美元将其买下，生产 SHAC – 汇众 100 系列重型车。2003 年，双龙又将其轻型客车伊斯塔娜（MB100）的生产线转让给上海汇众。

其次，正是由于了解交易对手的情况，上汽收购双龙的目的是很明确的。一是看中了双龙的研发能力，希望借双龙的研发团队帮助上汽开发自主品牌车型。事实上，这一目标已在收购后实现，上汽集其在英国的研发中心、双龙的研发力量以及自身的研发团队之合力，开发出了"荣威"这一品牌的新车型。上汽收购双龙的第二个原因，是认为双方的产品存在互补性。双龙的高级轿车品牌"主席"和豪华 SUV 车型都具有较强的竞争力，而这两种车型都是上汽所缺少的。拥有双龙将使上汽有能力将双龙的产品卖到中国，并把上汽的产品卖到韩国。上汽收购双龙的第三个目的，是希望获得双龙分布在全球 100 多个国家的销售网点，为将来的国际化经营打下基础。

第三，通过在 2002 年跟随通用收购大宇，上汽学到了不少国际并购的成熟经验和做法，并在收购双龙的过程中加以运用。为了确保成功收购双龙，上汽聘请了瑞士银行为投资顾问，聘请了德勤公司对双龙进行资产评估，聘请韩国的金张律师事务所（亚洲规模最大的综合性律师事务所）为法律顾问，聘请 AT 科尔尼公司制订了百日整合计划。此外也对双龙的高管进行了尽职调查。

综合以上分析可以看出，上汽对双龙的收购是做了充分的准备的。抛开最终的结果不谈，这种审慎的态度和做法都是值得有意对外投资的其他企业学习和借鉴的。

2. 全球金融和经济危机是导致双龙破产的外部因素

全球金融危机的爆发使韩国汽车遭受了重创。现代、起亚、通用大宇和雷诺三星等企业均面临危机，双龙也不例外。

主要面向欧洲市场的双龙汽车的销量从 2008 年 6 月起明显萎缩。2008 年 11 月，因高耗油型 SUV 和大型轿车需求疲软，双龙汽车公司的国内销量较上年同期下降 59%，至 1632 辆，出口量下降 65%，至 2203 辆；

1～11月销量较上年同期下降27%，至87125辆。

由于是韩国五大汽车企业中规模最小的一家，双龙的盈亏平衡点对销量十分敏感，销量下降导致公司迅速陷入亏损。2008年第三季度公司净利润亏损282亿韩元（约1.94亿美元），而2007年同期公司盈利12亿韩元。

2008年11月，双龙汽车公司卖掉位于韩国平泽港口的一半工厂基地，总额达400亿韩元，以筹集运营资本。

2008年12月23日，双龙宣布无力发放12月份的员工工资。

3. 整合能力的欠缺是上汽投资失败的内部因素

面对经营危机，上汽并非没有努力挽救双龙，其中最重要的措施之一就是与工会展开谈判。上汽提出了各种裁员、减薪、缩短工时、提前退休的方案，试图以此降低运营成本，使双龙渡过难关。但工会不但对此坚决拒绝，反而提出加薪要求。双方的谈判最终破裂。据此，上汽自身将对双龙工会的强势力量估计不足总结为投资失败的重要原因之一。

其实，上汽对工会问题的估计不足正是上汽自身整合能力不足的反映。双龙工会的强硬即使在以强势工会闻名世界的韩国也是首屈一指的。据称，双龙公司工人的成本是韩国其他汽车企业的2.5倍。显然，工会力量导致的高成本其实已经明显妨碍了双龙的盈利能力。如果上汽具备更强的整合能力，能妥善解决工会问题，就会使双龙更快更多地盈利，也就更有可能在后来经受住金融风暴的冲击。

四、政策建议：政府在帮助企业应对海外公共关系危机方面可以发挥积极作用

韩国人的民族自豪感和对来自中国并购方心理上的优越感，使韩国社会对上汽收购双龙抱有明显的防范心理。双龙工会曾以外泄核心技术为由扣留中方管理人员，并到中国驻韩国大使馆门前示威。韩国检方曾以涉嫌"核心技术外泄"为名搜查了双龙汽车总部，扣留上汽驻双龙的员工。韩国媒体对这些事件均大加炒作，严重影响了上汽在韩国的公共形象。在这一系列事件中，中国外交部对上汽给予了积极的帮助，出面与韩国政府协商，避免了事态的扩大。这表明，政府在帮助企业妥善处理海外公共关系，特别是应对关系危机方面具有非常重要的作用，这其实也是政府向企业提供的一种公共服务。今后，随着我国对外投资的日益扩大，对这种公共服务的需求会越来越大。但是，目前我国政府对企业的这种服务还是采取一事一议的方式，缺乏机制化的设计，有必要加以改进。

第三节　案例之三：钢铁行业

一、华菱集团抓住危机中的战略机遇

经过 2008 年较长时期的工作，2009 年初，华菱集团即获得了中国政府部门的批准，开始与 FMG 就股权合作进行正式谈判，延续前期工作。2009 年 2 月 24 日，华菱与 FMG 在香港签署了股权合作协议，3 月 31 日通过澳大利亚外商投资委员会（FIRB）的审查，4 月 1 日获得澳大利亚政府库务部的批准，4 月 22 日获得中国政府部门的批准，当日，华菱与 FMG 在香港签订最终股份认购协议，4 月 28 日完成了股权交割，5 月作为 FMG 第二大股东，华菱开始了 FMG 项目管理。

二、华菱集团成功并购的因素分析

1. 建立内部管理架构和工作流程是项目管理的基础

华菱集团组建总部内跨部门的 FMG 项目管理组，制定了项目管理工作流程。各部门协同工作，有效地整合各部门的专长，基本上完成了项目中长期的任务。

2. 依法依规是 FMG 项目管理的准绳

华菱严格遵守相关国家和地区法规，履行相应承诺，每隔半年，向澳大利亚外商投资审查委员会报告履行相关承诺的情况，定期不定期向中国政府部门报告项目管理的进度。华菱对项目管理中涉及多个国家和地区的税务问题，进行专门的内部讨论和外部调研，把中国企业在"走出去"的实践中遇到的新问题与老规矩之间的一些矛盾，向政府相关部门进行了汇报。华菱依法依规依程序对 FMG 股权进行了正常交易，严格按照澳交所交易规则，及时披露相关持股变动。

3. 参与 FMG 董事会决策是项目管理的核心

入股 FMG 后，华菱集团董事长李效伟先生作为华菱集团派出 FMG 的董事，两年来共参加了 13 次 FMG 董事会和股东会。两大股东经常沟通，统一认识，就 FMG 在发展规划、融资、工程建设、销售战略等重大公司问题上提供了专业意见，促进 FMG 董事会形成了宏伟的发展战略。

4. 坦诚交流，真诚合作是项目管理的灵魂

华菱和 FMG 双方交往密切，除董事会议和工作部门信函往来外，双方还有二十多次工作会晤，华菱派出了五个代表团访问 FMG，FMG 董事会全体成员也回访过华菱。外经外贸外事的相结合，华菱与 FMG 项目合作成为近年中澳友好交往中一个亮点。华菱入股 FMG 后，双方又续签了《全面战略合作协议》。

5. 防控风险，提升价值，促进 FMG 项目合作多赢

华菱集团积极研究国内外政策，掌握澳大利亚 FMG 公司的运营情况和发展规划，以防范风险，提升价值，合作共赢，在 FMG 的投资取得了较好回报。

三、华菱集团抓住战略机遇的意义

1. 促进了华菱战略调整

华菱在 FMG 的投资，使华菱成为 FMG 在中国最大的矿石采购商之一，入股后即加大了铁矿石长协量，并逐年增加到最多 1000 万吨/年。由于掌握稳定的资源，华菱随即与中国远洋、日本邮船等签订长期货物运输合同（COA），锁定了较低运输费，促进了华菱内部协同采购，大宗铁矿石进口通过华菱香港贸易公司在境外进行美元融资，不仅扩大了资金来源，同时也降低了采购财务费用。华菱抓住战略机遇，拉长了华菱集团钢铁产业链，开始了华菱集团跨国（境）经营，启动了 H 股上市，促进了内部体制变革。

2. 积累了海外投资的经验

在金融危机中的价格低位，华菱投资了FMG，随着世界经济的逐步回稳，铁矿石的供不应求，推动了资源价格高涨，更由于FMG的生产运营稳步上升，潜力巨大，FMG的股价由2009年2月入股时的2.37澳元/股上涨至2011年5月27日的6.33澳元/股，上涨167%；澳元汇率也由认购时的0.63（1澳元兑美元）上涨至目前的1.0611，汇率升值68%，华菱集团用人民币换美元，美元换成澳元投资，两头升值，中间贬值，投资回报率277%。华菱集团变现了所持FMG股票的1%，积累了海外投资的实践经验。

3. 保障国内资源供应

华菱集团积极为FMG的发展和中国公司走出去牵线搭桥，促成了宝钢与FMG签订了2009年长协价，虽执行时间不长，但却是第一个"中国价格"。

华菱集团协助FMG与中国的金融机构进行了一系列的融资洽谈，推荐中国公司总承包FMG二期项目开发，主要包括地质勘探、铁路港口、工程机械和矿山设备。FMG不仅将生产矿石几乎全部销往中国，而且在中国大量采购，FMG还是博鳌亚洲论坛的钻石赞助商。

2010年6月，在中国国家副主席习近平和澳大利亚总理陆克文的见证下，签署了中国葛洲坝集团总承包FMG项目协议，2011年4月澳大利亚总理吉拉德访华，邀请华菱集团董事长参加座谈会和宴会。

本章案例一、二由吕刚完成；案例三由华菱集团提供材料，胡江云整理。

第八章

后危机时期开拓新兴市场
的战略机遇

新兴经济体是发展中经济体的一个子集，这些经济体增长迅速，已经取得了一定的发展成就，并显示出进一步发展的潜力。按照这样的思路，方晋（2010年）将世界银行定义的中等收入和高收入的发展中经济体界定为新兴经济体，从而把全球的经济体分成三大类，即34个发达经济体、133个新兴经济体和43个其他发展中经济体①。本章将采用这一划分标准，分析新兴市场崛起对中国外贸产生的影响，特别是考察在后危机时期这一因素给中国带来的机遇和挑战②，进而提出政策建议。

第一节　能否成功开拓新兴市场关系到
中国能否顺利实现工业化

一、新兴市场将为中国产业结构升级提供关键性的需求支撑

1. 新兴经济体正在为全球创造越来越多的需求

2008年，在中国以外的世界中，132个新兴经济体的进口总额约为

---

① 方晋，"新兴经济体崛起对世界经济格局与中国对外经济关系影响研究"，国研中心内部报告，2010年。

② 文中将混用新兴市场和新兴经济体这两个称谓。

5.3 万亿美元，占全球的比重已达 35%。而在 1990 年，这两个数字分别是 6700 亿美元和 19%。也就是说，在不到 20 年的时间里，新兴经济体的进口额增长了 6.8 倍，占全球的比重提高了 16 个百分点。

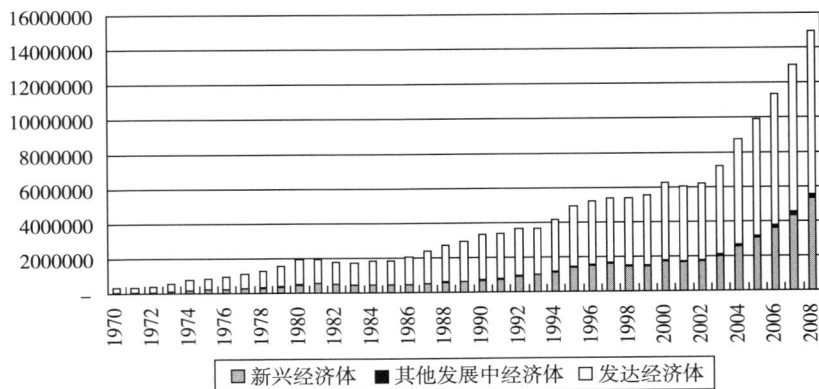

图 8.1　新兴经济体（不含中国）的进口（单位：百万美元）

资料来源：根据联合国贸发会议数据库（UNCTADstat）数据计算。

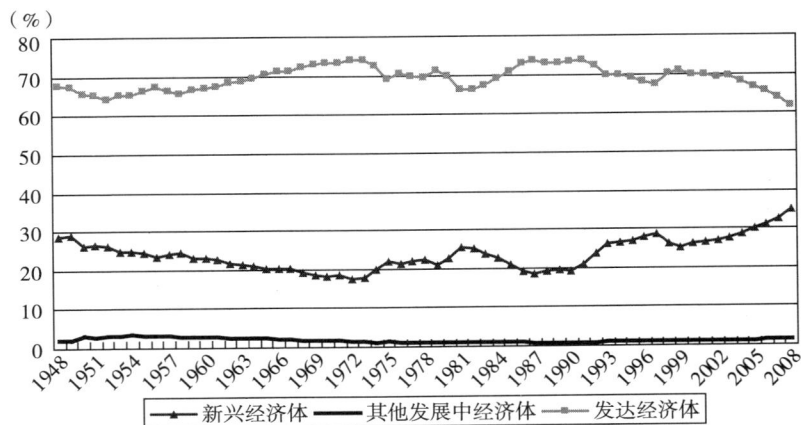

图 8.2　新兴经济体在全球进口中所占比重（在中国以外的世界中）

资料来源：同图 8.1。

从对全球新增进口的贡献率看，新兴经济体的地位提升趋势更为显著。1990 年之前，贡献率一直在 20% 上下波动，但在 1990～2000 年和 2000～2008 年这两个区间，这一贡献率则分别达到 35% 和 41%。2008 年当年，新兴经济体占全球新增进口的比重达到 50%。

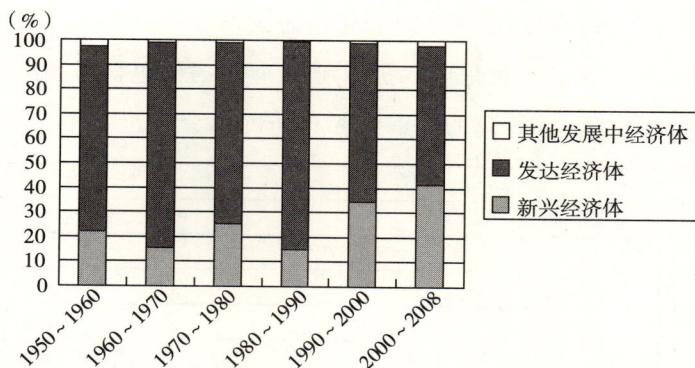

图 8.3　新兴经济体对全球新增进口的贡献率（在中国以外的世界中）
资料来源：同图 8.1。

　　新兴经济体正在成为全球机电产品的重要市场。2008 年，新兴经济体占全球机电产品（包括资本品和运输设备）最终产品和零部件进口的比重分别为 36% 和 42%，分别比 2000 年增加 12 个百分点和 9 个百分点。2000~2008年，全球机电产品最终产品新增进口的 49% 和零部件新增进口 54% 都流向了新兴市场。

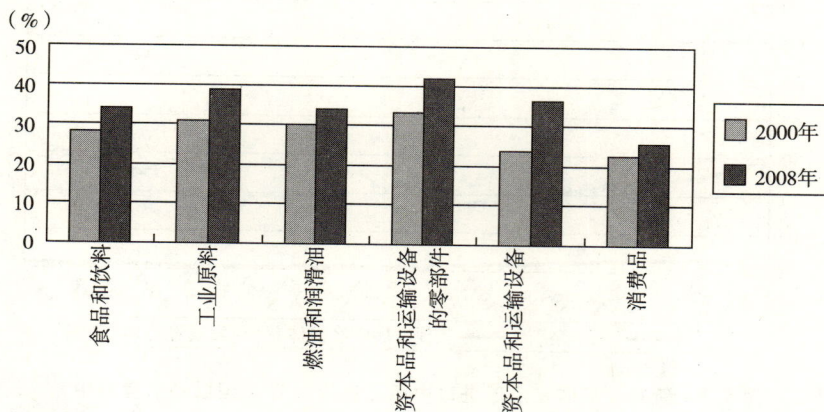

图 8.4 新兴经济体占全球进口的比重（在中国以外的世界中）
资料来源：根据联合国 COMTRADE 数据计算。

2. 新兴经济体将成为中国货物出口的主要市场

　　近年来，新兴经济体在中国出口中的地位呈上升趋势。2008 年，中国对新兴经济体出口超过 6800 亿美元，占中国对全球出口总额的 48%。

2001 年，这两个数字分别只有 1100 亿美元和 41%。

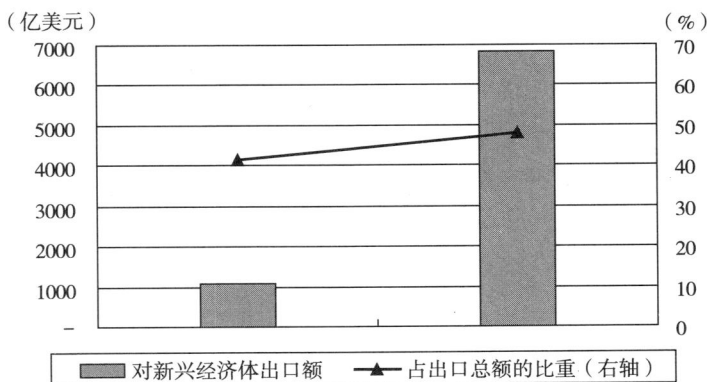

图8.5 新兴经济体在中国出口中的地位

资料来源：中国海关统计。

目前，机电产品已取代消费品，成为中国出口的主要拉动力量。1998～2008 年，消费品占中国出口的比重从 42% 降至 17%，而机电产品的比重则从 25% 上升到 46%。

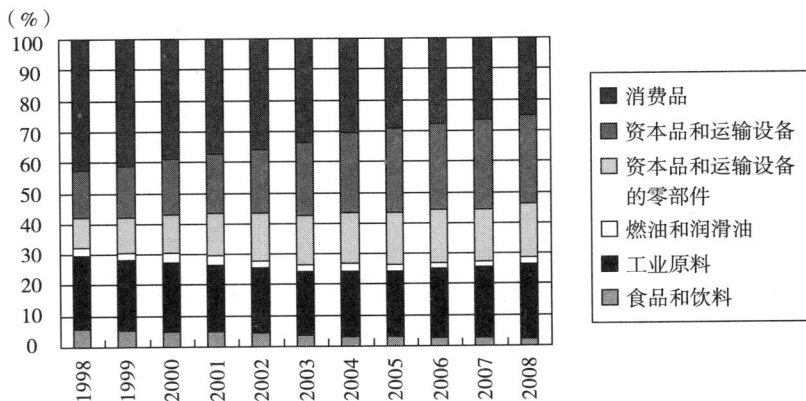

图8.6 中国出口结构

资料来源：同图8.4。

新兴经济体正处于工业化进程中，对机电产品需求的增长将持续高于已处于后工业化阶段的发达经济体，因此，前者将逐步取代后者，成为中国机电产品出口的主要市场，进而成为中国货物出口的主要市场。实际上，近年来中国对新兴经济体的机电产品出口正在加速，而对发达经济体的出口则在减速。在 1998～2003 年和 2003～2008 年这两个区间，中国对新兴经济体的机电产品出口分别增长了 1.9 倍和 2.4 倍，而对发达经济体的机电产品出口分别增长了 2.7 倍和 1.8 倍。到 2008 年，新兴经济体和发达经济体占中国机电产品出口的比重已经比较接近，只相差 7 个百分点（46％ 对 53％），而 1998 年二者的差距还有 14 个百分点之多（43％对 57％）。

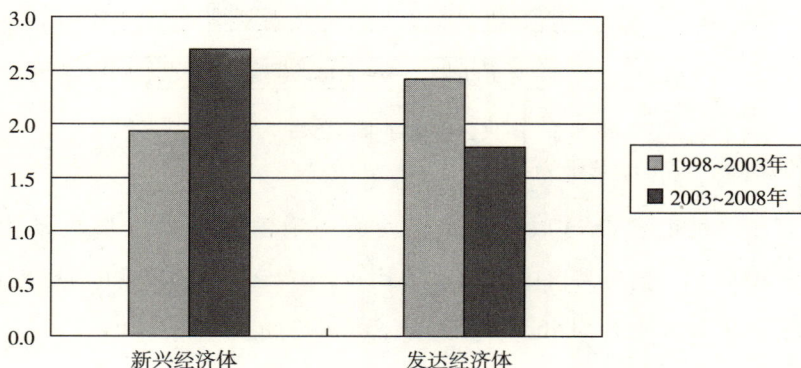

图 8.7　中国对新兴经济体和发达经济体机电产品的出口增长倍数
资料来源：同图 8.4。

中国本土生产的机电产品的技术档次和质量水平虽然还比不上发达国家的产品，但由于价格低廉，具有一定的性价比优势，在处于工业化过程中的新兴经济体具有较强的吸引力。因此，中国对新兴市场的机电产品出口无论在一般贸易方面，还是在零部件出口方面，增长势头都好于对发达经济体的出口。

第一，新兴市场已成为中国机电产品零部件出口的主要拉动力量。中国对发达经济体的机电产品出口以最终产品为主，而在对新兴经济体的机电产品出口中，零部件的比重则高得多。2008 年，在中国对发达国家出口的机电产品中，最终产品大约占 2/3，零部件只占 1/3，而在对新兴市场出口的机电产品中，二者大约各占一半。不仅如此，在中国对新兴市场的出口中，零部件比重的提升速度也更快。1998～2008 年，机电

产品零部件占中国对新兴市场出口的比重从 12% 提高到 24%，而同期机
电产品零部件占中国对发达经济体出口的比重只从 9% 提高到 14%，二
者的升幅分别为 12 个百分点和 5 个百分点。因此，新兴经济体已成为中
国机电产品零部件的主要出口市场。1998～2008 年，新兴经济体占中国
机电产品零部件出口的比重从 48% 上升到 53%，而发达经济体的比重则从
52% 下降到 46%。

　　第二，新兴市场已成为中国机电产品一般贸易出口的主要拉动力量。
加工贸易在中国对新兴市场的机电产品出口中占主导地位，但一般贸易的
比重正在上升。据中国海关统计，2008 年，在中国对新兴市场的机械电子
产品（HS84 和 HS85）出口中，加工贸易占 67%，一般贸易只占 27%。不
过，与 2001 年相比，一般贸易的比重已经上升了 8 个百分点。在中国对发
达经济体的出口中，情况也与此相似，即机电产品出口以加工贸易为主，
一般贸易的比重逐步上升。不同的是，加工贸易的比重更高一些，一般贸
易的比重上升速度更慢一些。2008 年，在中国对发达经济体的机电产品
（HS84 和 HS85）出口中，加工贸易占 78%，一般贸易占 19%。与 2001 年
相比，一般贸易的比重上升了 6 个百分点。由于上述差异，新兴市场已成
为中国机电产品一般贸易出口的主要拉动力量，且重要性不断提高。
2001～2008 年，新兴经济体占中国机电产品一般贸易出口的比重从 51% 上
升到 56%，而发达经济体的比重则从 42% 下降到 38%。

　　3. 中国对新兴市场出口的地区结构日趋多元化

　　中国对新兴市场的出口原来高度集中在东亚，但近年来集中度已经大
为下降。这说明除了东亚地区之外，其他区域的新兴经济体也在快速崛
起，进口需求增长很快。1998～2008 年，东亚和太平洋地区占中国出口的
比重从 85% 下降到 55%，同期其他地区的比重则出现不同程度的上升，其
中欧洲和中亚的升幅最大，从 4% 增加到 17%，接下来是拉美及加勒比地
区（从 5% 增加到 14%），南亚（从 1% 增加到 5%），中东和北非（从 3%
增加到 6%），撒哈拉以南非洲（从 1% 增加到 3%）。

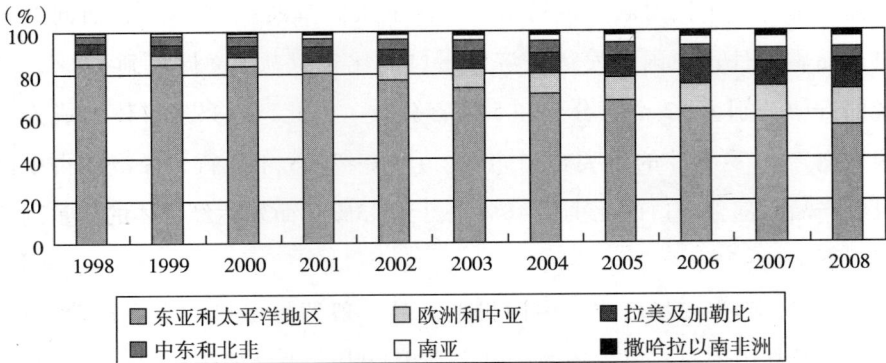

图 8.8　中国对新兴市场出口的地区结构

资料来源：同图 8.4。

（1）欧洲和中亚。机电产品主要是最终产品拉动。1998～2008 年资本品和运输设备的比重从 16% 上升到 32%，上升 16 个百分点，资本品和运输设备的零部件的比重只从 12% 上升到 17%，升幅仅 5 个百分点。

机电产品的一般贸易比重明显提高，2001～2008 年比重从 25% 提高到 40%，2008 年的比重明显高于中国对新兴市场的平均水平（27%）。

主要国家：俄罗斯、匈牙利、土耳其、捷克、波兰、乌克兰、哈萨克斯坦、罗马尼亚，机电产品均超 10 亿美元，八国占了我对该地区机电产品出口的 91%。

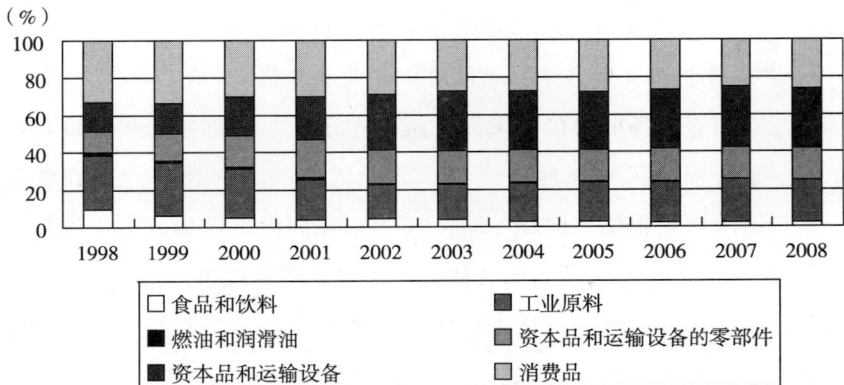

图 8.9　中国对欧洲和中亚新兴经济体的出口结构

资料来源：同图 8.4。

（2）拉美及加勒比地区。同样是机电产品拉动，零部件和最终产品的拉动力大体相当。1998～2008 年比重从 10% 提高到 24%，上升 14 个百分点，最终产品从 20% 到 31%，上升 11 个百分点。

2001～2008 年一般贸易比重从 38% 上升到 41%，升幅不大，但比重明显高于中国对新兴市场的平均水平。

主要国家：巴西、墨西哥、委内瑞拉、阿根廷、智利、哥伦比亚、巴拿马，机电产品均超 10 亿美元，七国占了 87%，高度集中在巴西、墨西哥，两国就占我对该地区机电产品出口的 59%。

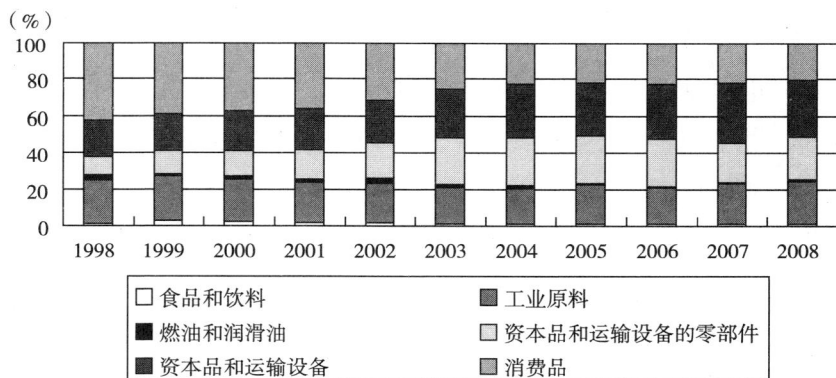

图 8.10 中国对拉美及加勒比新兴经济体的出口结构

资料来源：同图 8.4。

（3）南亚。机电产品也是第一大类出口产品，2008 年比重达到 45%。

机电产品主要是最终产品带动，比重从 13% 上升到 31%，升幅 18 个百分点。零部件比重变化很小，一直保持在 14% 左右。

2001～2008 年，在中国对南亚的机电产品出口中，一般贸易比重有所下降，从 59% 降至 55%，但比重仍然超过一半，明显高于加工贸易的 34%。

主要是印度和巴基斯坦，2008 年机电产品出口金额分别达到 153 亿美元和 22 亿美元。

与前两个地区不同，中国对南亚出口的一个突出特点是工业原料（主要是化工产品、钢铁和纺织品）的比重大。虽然 1998～2008 年比重下降了 11 个百分点，但 2008 年比重仍高达 44%，仅略低于机电产品的比重。

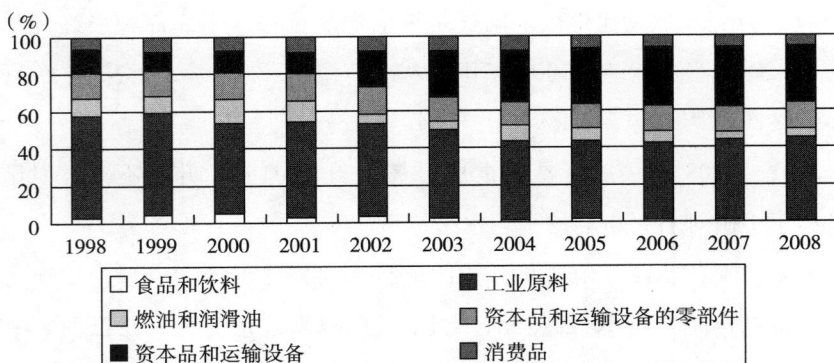

图 8.11　中国对南亚新兴经济体的出口结构

资料来源：同图 8.4。

（4）中东和北非。工业原料的贡献度最大，其次才是机电产品。1998～2008 年，工业原料的比重从 23% 上升到 39%，升幅达 16 个百分点。机电产品比重从 31% 上升到 37%，升幅只有 6 个百分点。

机电产品主要是靠最终产品，比重从 17% 上升到 27%，升幅为 10 个百分点，同期零部件的比重反而有所下降。

机电产品主要是一般贸易。2008 年，一般贸易比重从 2001 年的 65% 降至 56%，但比重仍然超过一半，明显高于加工贸易的 39%。

机电产品主要集中在阿联酋、伊朗、沙特阿拉伯、埃及、阿尔及利亚，2008 年的出口额均超过 10 亿美元，合计占该地区新兴经济体的 75%。

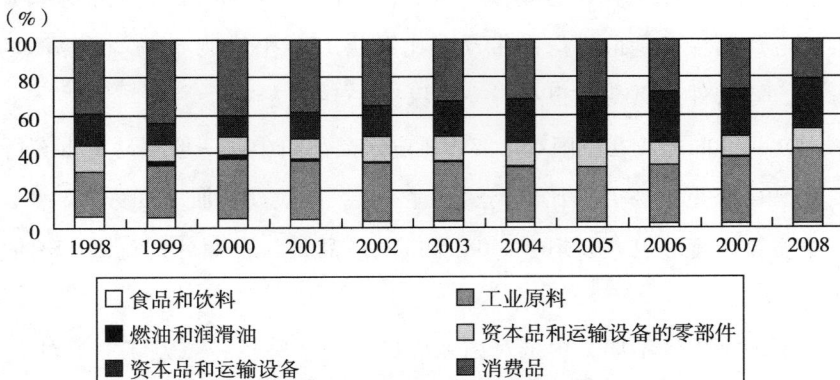

图 8.12　中国对中东和北非新兴经济体的出口结构

资料来源：同图 8.4。

（5）撒哈拉以南非洲。主要是机电产品拉动，其中又主要靠最终产品，比重从 19% 上升到 35%，升幅为 16 个百分点，同期零部件的比重的升幅还不到 1 个百分点。

机电产品主要靠一般贸易。2008 年机电产品出口的一般贸易比重为 62%，是新兴经济体中最高的，而加工贸易的比重只有 25%。

机电产品主要集中在南非和尼日利亚，分别为 30 亿美元和 28 亿美元，合计占撒哈拉以南非洲新兴经济体的 70%。

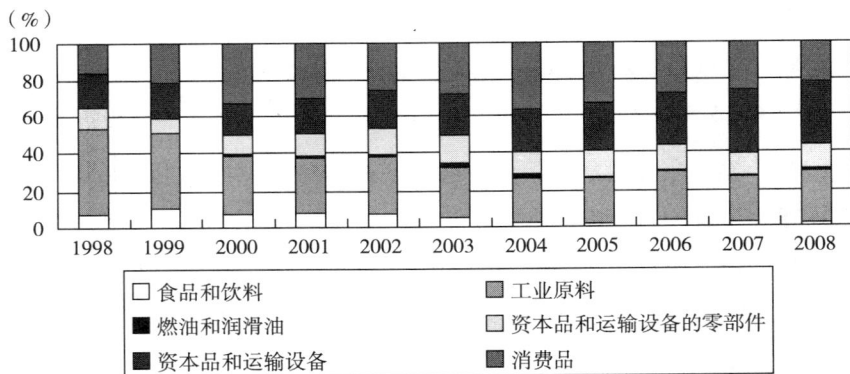

图 8.13　中国对撒哈拉以南非洲新兴经济体的出口结构
资料来源：同图 8.4。

（6）东亚。主要是机电产品拉动，零部件作用更大。机电产品零部件的比重从 12% 上升到 28%，升幅达 16 个百分点，列新兴市场各地区之首。最终产品比重从 14% 上升到 23%，升幅为 9 个百分点。

2008 年机电产品一般贸易比重为 16%，是各地区中最低的，明显低于中国对新兴市场的平均水平。另一方面，加工贸易占机电产品出口的比重则高达 78%。这反映出中国与东亚地区的新兴经济体在通信电子行业的密切的产业链关系。

对东亚地区的机电产品出口全部集中在香港、韩国、新加坡、台湾省、马来西亚、印尼、泰国、菲律宾，2008 年中国对这八国和地区的机电产品出口额均超过 30 亿美元。

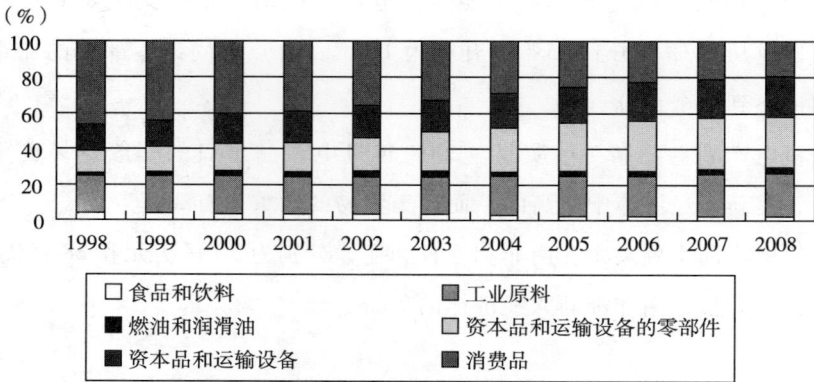

图 8.14　中国对东亚新兴经济体的出口结构

资料来源：同图 8.4。

（7）小结。中国对新兴经济体各地区的出口主要由机电产品拉动。除对中东和北非地区的出口是以工业原料为第一大类产品外，对其他地区的出口都是以机电产品为头号出口产品。在对东亚、欧洲和中亚、拉美及加勒比、南美、撒哈拉以南非洲的出口中，机电产品比重都在45%～55%左右，即便是在中东和北非地区，机电产品虽然只是第二大类出口产品，比重也达到37%。

对新兴市场的机电产品出口主要集中在少数经济规模较大或人口众多的国家和地区。前面提到，2008 年中国对 32 个新兴经济体的机电产品出口超过 10 亿美元，它们合计就占中国对新兴市场机电产品出口总额的95%。在这 32 个经济体中，有 12 个从中国进口的机电产品超过 60 亿美元，它们是中国香港、韩国、新加坡、印度、台湾省、马来西亚、俄罗斯、阿联酋、巴西、墨西哥、印尼、泰国，合计占中国对新兴市场机电产品出口总额的 79%。

对新兴市场的一般贸易机电产品出口同样集中在少数经济规模较大或人口众多的国家和地区。2008 年，中国对 24 个新兴经济体的一般贸易机电产品出口超过 10 亿美元，它们合计占中国对新兴市场的一般贸易机电产品出口的 84%。在这 24 个经济体中，有 14 个从中国以一般贸易方式进口的机电产品超过 20 亿美元，它们是中国香港、印度、韩国、俄罗斯、印尼、阿联酋、巴西、台湾省、新加坡、泰国、马来西亚、尼日利亚、土耳其、伊朗，合计占中国对新兴市场机电产品出口总额的69%。

中国对东亚的机电产品出口以加工贸易为主，一般贸易比重很低，而在对其他地区的机电产品出口中，一般贸易的比重要明显高于东亚。2008年，中国对东亚的机电产品出口只有16%是一般贸易，而对欧洲和中亚、拉美及加勒比的比重都在40%左右，对中东和北非、南亚、撒哈拉以南非洲则都在55%以上。

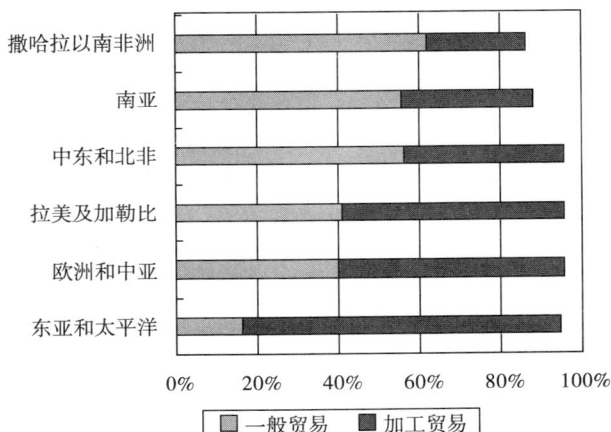

图8.15　中国对新兴市场机电产品出口的贸易方式
资料来源：根据中国海关统计数据计算。

中国对新兴市场机电产品零部件出口的增长主要来自东亚、拉美、欧洲和中亚，南亚、撒哈拉以南非洲虽然比重尚小，但也增长迅猛。1998～2008年，这三个地区对中国对新兴市场新增机电产品零部件出口的贡献率分别为66%、15%和13%，合计达94%。东亚仍是中国对新兴经济体出口机电产品零部件的主要目的地，但其增长率则远远低于其他地区。1998～2008年，中国对东亚的机电产品零部件出口增长了8倍，而对拉美、欧洲和中亚，南亚、撒哈拉以南非洲则分别增长了36倍、33倍、23倍、24倍。

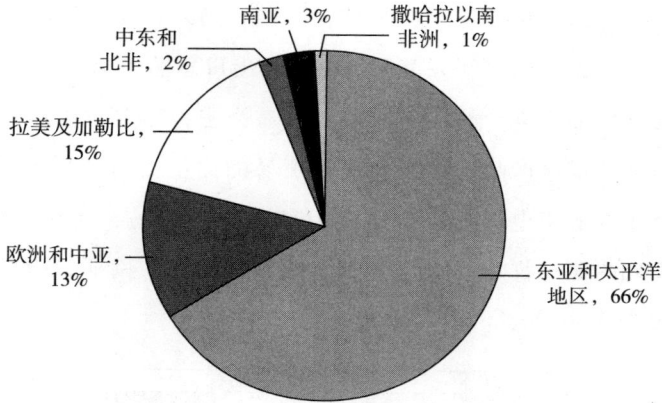

图 8.16 对 1998～2008 年新增资本品和运输设备零部件出口的贡献率
资料来源：同图 8.4。

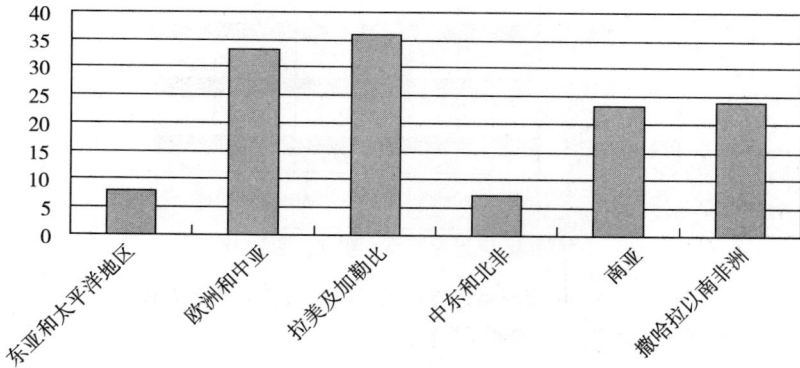

图 8.17 1998～2008 年资本品和运输设备零部件出口额的增长倍数
资料来源：同图 8.4。

二、新兴经济体将一直是中国工业化所需能源和资源的主要进口来源

1. 新兴经济体是全球能源和自然资源的最主要来源

据联合国 COMTRADE 数据库的统计数字，2008 年新兴经济体占全球燃油和润滑油出口的比重接近 2/3，虽然比 2000 年有所下降，但仍是全球能源的最主要来源。

2008 年新兴经济体占全球初级产品出口总额的比重为 60%，与 2000 年基本持平。

2. 新兴经济体一直是中国能源和资源的主要进口来源

1998～2008 年，新兴经济体占中国燃油和润滑油进口总额的比重基本维持在 80% 左右，2008 年的比重为 84%。1998～2008 年，燃油和润滑油占中国从新兴经济体进口的比重明显上升，从 4% 增加到 12%。除了实际需求增加，价格上涨也是推动中国从新兴经济体进口燃料增加的重要因素。

1998～2008 年，新兴经济体占中国初级产品进口的比重一直保持在 50%～60%。

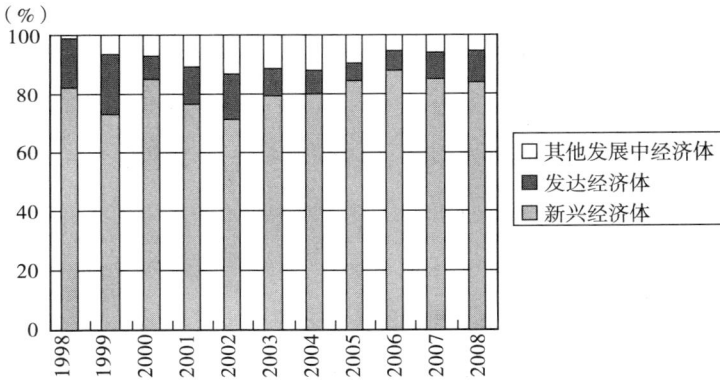

图 8.18　中国燃油和润滑油的进口来源

资料来源：同图 8.4。

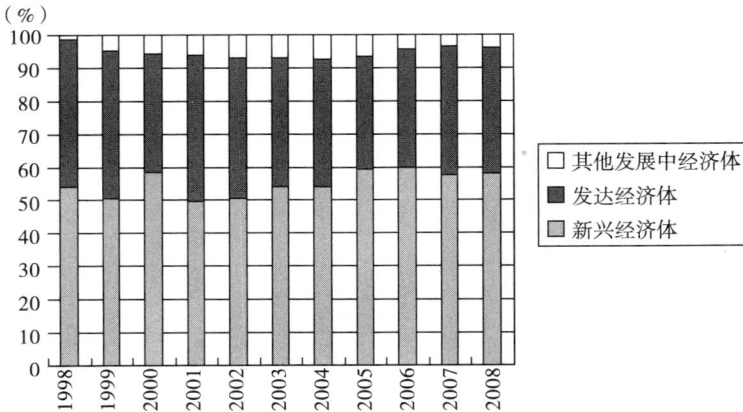

图 8.19　中国初级产品的进口来源

资料来源：同图 8.4。

3. 中国能源和资源的进口依存度将持续上升

中国的工业生产规模已经十分巨大，2006 年制造业增加值已经位列全球第三，今年又有望超过日本，成为全球第二的制造业大国。与此相伴的是中国能源和资源进口依存度的不断上升。例如，2009 年中国原油和铁矿石的进口依存度已经分别达到 52% 和 62% 。

目前中国正处于工业化中期，未来 5～10 年工业在国民经济中的比重和工业内部重工业的比重都将保持在高位，即使考虑到能源资源利用效率的进一步提高，中国工业化的进一步推进也势必消耗大量的能源和原材料，对进口的依赖度将进一步提高。据《全国矿产资源规划（2008～2015）》预测，2020 年中国原油对外依存度将达到 60% 。鉴于新兴经济体包括了全球主要的能源和资源出口国，必须充分重视发展同新兴经济体的贸易关系，以获得低成本、稳定的能源和资源供应，从而保障中国工业化的顺利完成。

第二节 金融危机带来了中国加速拓展对新兴市场贸易关系的重要机遇

全球金融和经济危机大大削弱了发达国家的经济实力，使中国的相对经济实力出现跳升，在国际经济关系中的地位随之显著提高。受危机影响，发达国家经济大幅度减速，并有可能在未来数年持续低迷，因而其在国际贸易、对外投资、对外援助方面，都将呈收缩态势。而中国经济虽然也受到冲击，但恢复很快，对外贸易、对外投资、对外援助都维持了快速增长的良好势头。因此，未来 3～5 年中国对新兴市场的进出口很可能出现大幅度的增长。

一、发达国家制造业企业大量破产为中国企业扩大在新兴市场份额提供了机会

长期以来，主要工业化国家的企业凭借其在技术、品牌和销售渠道方面的优势，在新兴市场上牢牢占据着主导地位。本次金融危机造成了全球范围内的经济衰退，市场需求锐减和融资条件急剧恶化导致主要工业化国家的制造业企业大量破产。在经济复苏时，这些破产企业不再有能力重返市场，这从客观上会为中国企业扩大对新兴市场的出口腾出一定的空间。

据德国征信机构 Creditreform 公布的数据，2009 年德国共有 34300 家企业破产，比上年增长 16%。受企业破产潮打击最严重的是制造业，共有 3500 家企业破产，同比增长 40%。德企业破产的特点是大型企业破产案明显增加，年销售额在 5000 万欧元以上的大型企业破产数从上年的 60 宗骤升至 200 宗。德国最大的汽车零部件生产商之一的 EdSCha（2008 年销售额达 11 亿欧元，在全球有 6500 名员工）、世界知名计算机内存生产商奇梦达（Qimonda）、染料巨头德司达（DyStar）、有 130 年历史的高档瓷器生产商 Rosenthal，以及著名内衣品牌舒雅（SchiESser）等都因经济危机而破产。

据意大利企业信息服务集团（Cerved）公布的数据，2009 年意大利倒闭和破产的企业达到了 9000 家，比 2008 年增长了 23%。2010 年第一季度意大利倒闭和破产的公司企业达到 2800 家，比 2009 年同期增长了 27%。受冲击最严重的也是制造业。该领域 2010 年第一季度倒闭和破产的企业同比增长了 41%，破产率为全国平均水平的两倍。在制造业中，首当其冲的是汽车制造业，2010 年第一季度该行业倒闭破产的企业同比增长了 118%。

法国调研机构 Deloitte 和 Altares 联合发表的调研报告称，2008 年法国共有 54820 家企业宣布破产，这是自 1991 年以来从未有过的最高记录，而 2009 年这一数字进一步上升到 61595 家，另外还有 1452 家企业获得破产保护。2009 年法国工业企业破产数量增加 16%，如果不包括农产品和食品加工业，这一数字则高达 25%。

据日本民营数据服务公司帝国数据库公布的统计结果，日本破产企业数量连续 3 年正增长，2009 年共有 13306 家企业破产，同比增加 4.9%，创 2001 年有记录以来新高。其中，制造业企业破产数量猛增 22%，达到 2004 家。

由于缺乏相关数据，无法直接比较中国与其他国家的制造业企业破产情况。但是，从国际贸易的数据可以看出，在危机期间中国对主要新兴市场国家的出口降幅明显小于主要工业化国家，在经济复苏时中国的出口增幅又明显高于主要工业化国家，中国与工业化国家在新兴市场进口中所占的份额是此涨彼消的态势。这说明，总体而言，发达国家的企业在这场金融危机中受伤较重，而中国企业受打击较轻，恢复更快，这场危机带来的市场洗牌确实有利于中国企业扩大在新兴市场上的份额。

以机电产品（HS 84 和 HS 85）为例，2009 年印度从中国进口的机电产品只减少了 2%，而从德国、美国、日本的进口则分别减少了 25%、7% 和 36%。在 2010 年一季度，印度从中国的机电产品进口同比增长 16%，而从德国和美国的进口则分别同比减少 2% 和 6%。中国在印度机电产品进口总额中的比重从 2008 年的 28.4% 上升到 2009 年的 33.9%。

2009 年俄罗斯从中国进口的机电产品减少了 39%，降幅与俄罗斯从德国和意大利的进口降幅相当，后两者分别为 43% 和 42%。但在 2010 年一季度，俄罗斯从中国的机电产品进口同比猛增 65%，而从德国的进口则继续下降，同比减少 10%，从意大利的进口也只微增 2%。中国在俄罗斯机电产品进口总额中的比重从 2009 年的 22.1% 大幅上升到 2010 年一季度的 28.4%。

2009 年巴西从中国的机电产品进口减少了 15%，而从美国、德国、日本的进口则分别减少 19%、22% 和 25%，降幅明显更大。在 2010 年上半年，巴西从中国的进口同比猛增 74%，而从美国、德国和日本的进口增幅则分别只有 7%、16% 和 18%，增幅明显更小。因此，中国在巴西机电产品进口总额中的比重持续上升，2008 年、2009 年及 2010 年上半年分别为 22%、23.2% 和 26.3%。

2009 年墨西哥从美国、日本、德国进口的机电产品分别减少 25%、30% 和 29%，而从中国的进口只减少了 1%。在 2010 年一季度，墨西哥从中国的机电产品进口同比增长 40%，从美国、日本、德国的进口虽然也出现较快增长，但增幅明显小于中国，分别为 15%、24% 和 24%。因此，中国在墨西哥机电产品进口总额中的比重持续上升，2008 年、2009 年及 2010 年一季度分别为 20.2%、24.6 和 25.6%。

2009 年阿根廷从中国的机电产品进口减少了 25%，从美国、德国、意大利的进口降幅分别为 40%、19%、34%。而在 2010 年第一季度，阿根廷从中国的进口同比猛增 61%，从美国和德国的进口则分别下降了 35% 和 33%，从意大利的进口只增长 15%。因此，中国在阿根廷产品进口总额中的比重持续上升，2008 年、2009 年及 2010 年一季度分别为 20.2%、21.3% 和 24.7%。

2009 年南非从中国的机电产品进口减少了 18%，而从德国、美国、日本的进口降幅则大得多，同比分别减少 29%、32%、37%。而在 2010 年第一季度，南非从中国的进口同比猛增 26%，从德国和美国的进口则分别下降了 9% 和 19%，从日本的进口只增长 5%。因此，中国在南非机电产品进口总额中的比重持续上升，2008 年、2009 年及 2010 年上半年分别为 20.1%、22.1% 和 22.7%。

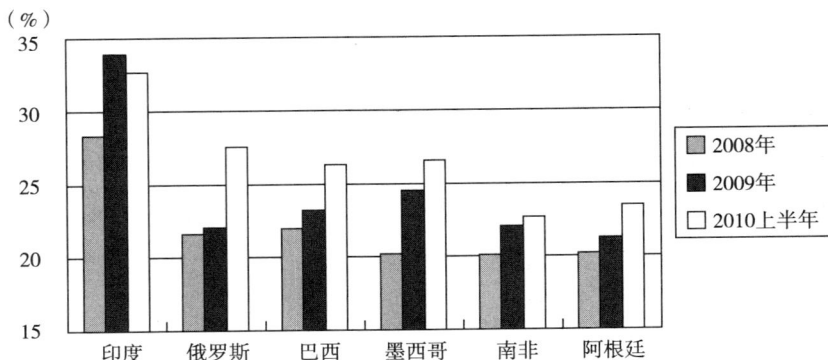

图 8.20　中国在主要新兴市场大国机电产品进口中所占份额

注：印度 2010 年为一季度数据。

资料来源：商务部《国别贸易报告》。

二、发达国家企业受到危机重创，为中国企业对其发起并购提供了机会

虽然发达国家大量生产企业破产，但发达国家本国的企业对于收购这些破产企业并不积极。由于金融危机造成经营业绩下滑，融资困难，再加上对经济发展前景的担忧，发达国家企业普遍都对并购持十分谨慎的态度。这就为发展中国家的具有较强资金实力的企业提供了难得的并购机会。据联合国贸发会议统计，2008 年全球制造业共完成 3260 亿美元的并购交易（出售金额），其中绝大部分的被出售企业（87%）都来自发达国家，而这 3260 亿美元交易的大部分的收购方也都是发达国家的企业，比重达到 66%。也就是说，全球制造业的并购主要发生在发达国家的企业之间。但在 2009 年，这一情况发生了明显的变化。2009 年全球制造业共完成 760 亿美元的并购交易（出售金额），其中绝大部分的被出售企业（80%）仍来自发达国家，但在这 760 亿美元交易中，只有 43% 的收购方来自发达国家。这说明，发展中国家的企业作为收购方，在全球制造业并购交易中的比重大幅度上升。

危机同样为中国企业开展海外并购提供了机会。简单地说，危机给中国企业带来的机会就是"以前买不到的，现在买得到了；以前太贵的，现在便宜了"。发达国家在危机中破产的企业纷纷成为中国企业的并购对象。即使是那些没有到破产境地的企业，其市场估值也大幅缩水，使中国企业有机会以较低成本进行收购。例如，2010 年 3 月，中国的吉利控股集团出资 18 亿美元从福特汽车公司手中收购了沃尔沃这家拥有 80 年历史的瑞典豪华车公司，而福特汽车在 1999 年收购沃尔沃轿车时付出的代价是 64 亿美元。又如，中国山东舒朗服装服饰有限公司收购意大利一家粗纺纱工厂的价格，从危机前的大约 3 亿元人民币下降到 1 亿元人民币。

据普华永道公司的统计，2003~2006 年期间，中国企业并购发达国家企业的交易数量每半年的交易量均在 20 起以下，而从本次金融危机初

露端倪的 2007 年以来，中国企业并购发达国家企业的交易数量明显增加，每半年的交易量几乎都不低于 30 起，2010 年上半年还创出了 39 起的新纪录。

据投资潮网站统计，在从 2008 年 1 月到 2009 年 7 月末由中国企业发起完成的总共 71 笔海外并购交易中，以制造业企业为收购目标的交易就有 26 起，仅略少于传统能源和矿产资源的 33 起。这 26 起制造业并购案的目标企业所属行业十分广泛，包括钢铁、石油加工、IT 和半导体、服装、机械、电力设备、汽车及汽车零部件、医药、医疗器械、集装箱制造等。除此之外，还有 2 起并购是以零售连锁企业为目标，而所有这 28 起并购案的目标企业都来自发达国家。

中国政府公布的《2009 年度中国对外直接投资统计公报》也证实，中国企业确实加大了对发达国家直接投资的力度。与以往中国对亚洲、非洲投资较快增长不同的是，2009 年中国对欧洲和北美洲投资快速增长，其中对欧洲增长 2.8 倍，对北美增长 3.2 倍。

三、危机也迫使发达国家跨国公司暂时减少了对新兴市场的投资

全球 1/3 的货物和服务出口都是由大约 8.2 万家跨国公司的 81 万家子公司完成的。受危机影响，发达国家的跨国公司被迫收缩在新兴市场的投资，以修复自身的资产负债表，这减慢了其在新兴市场上的扩张速度。

2009 年发达国家对发展中经济体的并购金额从 2008 年的 593 亿美元锐减到 123 亿美元，降幅高达 79%。2009 年美国对发展中欧洲、印度、中南美的 ODI 均减少，其中，对印度从 2008 年的 35 亿美元减少到 13 亿美元，下降 62%，对欧盟以外的欧洲从 325 亿美元减少到 149 亿美元，下降 54%，对中南美地区从 234 亿美元减少到 216 亿美元，下降 8%，降幅虽然不大，但却是在 2008 年同比下降 12% 的基础上的进一步下滑。

2009 年日本对中南美地区的直接投资从上年的近 300 亿美元锐减到

174 亿美元，降幅超过 40%；对印度的直接投资也从上年的 56 亿美元减少到 37 亿美元，降幅为 34%。

另一方面，中国对新兴市场的直接投资则在危机中保持了增长，国际化经营程度继续提高。据《2009 年度中国对外直接投资统计公报》，2009年中国的对外直接投资达到 565 亿美元，虽然只比 2008 年微增 1%，但在全球对外直接投资锐减 43% 的情况下，这个成绩就显得异常引人注目了。

例如，2009 年中国对东亚、南亚和东南亚发展中经济体的并购额只从 2008 年的 54 亿美元小幅下降到 45 亿美元。从图 8.21 可见，中国对东盟的直接投资在危机期间保持了增长。这会在未来进一步密切双方的产业链关系，扩大中间产品贸易的规模。

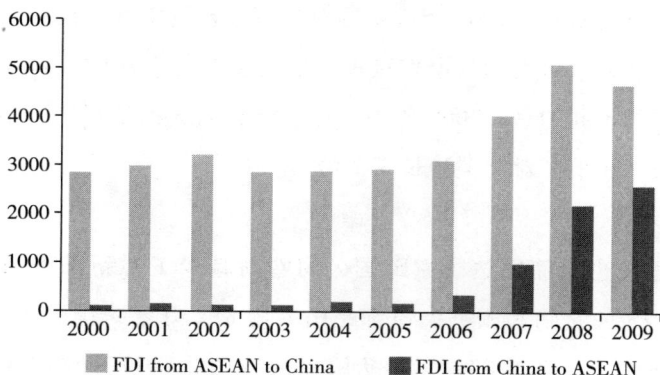

图 8.21　中国与东盟的相互直接投资（单位：百万美元）
资料来源：联合国贸发会议《世界投资报告（2010）》。

同时，中国企业也收购了不少发达国家能源资源企业位于新兴经济体的资产，这会提高中国在新兴经济体能源和资源开发产业的市场份额，增加中国从对方的进口。在从 2008 年 1 月到 2009 年 7 月末由中国企业发起完成的 71 笔海外并购交易中，以传统能源和矿产资源为目标的交易达到 33 起①，虽然卖方企业主要来自发达国家，但其中有不少企业的资产分布在新兴市场国家。例如，中海油斥资 1.25 亿美元收购了加拿大哈斯基能源

———————————
① 据投资潮网站统计。

公司旗下马都拉公司 50% 的股份，该公司在印尼拥有油田和天然气田；中石化斥资 20 亿美元收购了加拿大 Tanganyika Oil 公司 100% 的股权，该公司在叙利亚和埃及拥有勘探和开采资产。

四、危机使中国经济对新兴市场的吸引力大幅度增强

为了进入中国的市场、吸引来自中国的投资、获得更多的中国援助，预计新兴经济体会扩大对中国的市场开放程度，放宽投资准入条件，并更多选择中国企业承建本国的工程建设项目。

首先是中国的市场吸引力增强。由于对华出口逆势增长或跌幅较小，不少新兴市场国家对中国的出口依赖度在危机期间都出现了跳升，如巴西从 2008 年的 8.3% 升至 2009 年的 13.2%，并在 2010 年上半年进一步上升到 15.1%，南非从 2008 年的 5.6% 升至 2009 年的 9.3%，并在 2010 年上半年进一步升至 9.8%。

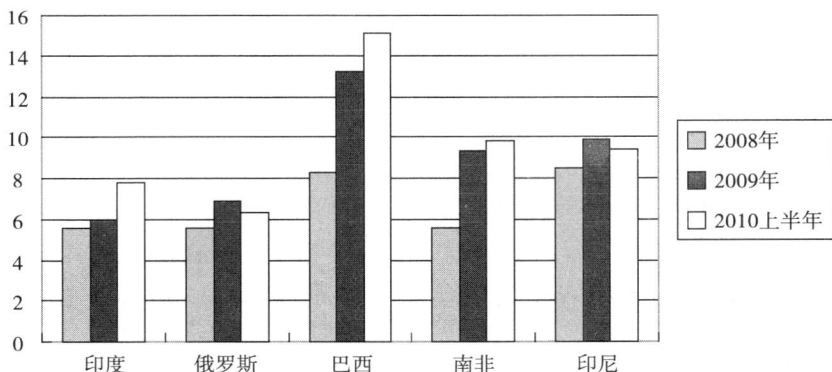

图 8.22　主要新兴市场国家对中国的出口依赖度（%）
注：印度 2010 年为一季度数据。
资料来源：同图 8.20。

其次，新兴市场对来自中国的投资有更高的期待。危机造成发达国家对新兴市场的直接投资大幅减少，而中国的对外投资则保持增长，这使新兴市场国家更为看重来自中国的投资。据联合国贸发会议《2010 年世界投资报告》和《2009 年度中国对外直接投资统计公报》，2009 年中国已经跃

升为全球第五大资本输出国，对外直接投资流量占全球的 5.1%，而 2008
年中国的排名还在前十名之外。在这种惊人的成长速度面前，难怪世界各
国都对中国的对外投资寄予厚望。据联合国贸发会议对各国投资促进机构
的调查，中国被看作是未来三年中最有潜力的资本输出国之一，排名仅次
于美国。这意味着许多新兴市场国家未来将加强面向中国的招商引资工
作，放宽投资准入条件，这有利于改善中国对新兴市场投资的外部环境，
促进中国企业更多进入新兴市场，相应拉动中国的出口。

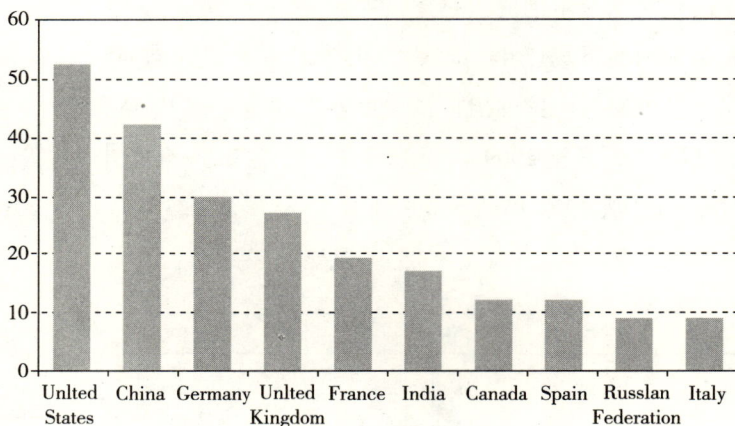

图 8.23　2010～2012 年最有潜力的资本输出国
（该国被各国投资促进机构作为头号投资国提及的次数）

资料来源：联合国贸发会议《世界投资报告（2010）》。

　　第三，来自中国的援助的吸引力增强。经济危机使得发达国家对发展
中国家的援助大幅度减少，而中国则已经并有能力继续增加对外援助。在
2005 年格伦伊格尔斯首脑会议上，八国集团成员预计，其承诺加上其他捐
助，到 2010 年将使对非洲的官方发展援助增加一倍。而 2009 年初步数据
显示，向非洲提供的双边官方发展援助的实质增长仅为 3%。据联合国测
算，2010 年官方发展援助的总体水平将只有 1080 亿美元（按 2004 年美元
计算），比各捐助国原先承诺的 1300 亿美元减少 17%。

　　在发达国家的对外援助大幅度减少时，中国的对外援助则在快速增
加。中国已于 2009 年提前完成了胡锦涛主席在 2006 年中非合作论坛北京

峰会上对非洲援助 50 亿美元的承诺；成功发起成立总规模 100 亿美元的中国—东盟投资合作基金，首期基金 10 亿美元募资工作已近完成；已将向东盟国家提供的 150 亿美元信贷中的优惠性质贷款额度增加到 67 亿美元；正在全面落实对南亚、南太平洋及加勒比、上合组织等国家和地区的优惠贷款承诺。

由于援助往往采取优惠贷款或经贸合作工程项目的形式，而且按照国际惯例，捐助国在提供优惠贷款用于项目建设时可以要求受援国选择捐助国的工程承包企业，并从捐助国进口相关的设备，因此，未来中国企业将能够借助中国外援的增加扩大对新兴市场的出口。

五、危机大大增加了新兴市场对国际工程承包服务的需求

为了加快经济恢复，许多新兴市场国家的政府采取了增加公共投资、加快基础设施建设的做法。同时，危机凸显出单纯依赖资源出口的经济发展模式的脆弱性，促使许多新兴市场国家的政府下决心进一步推动经济的多元化。例如，沙特宣布将在未来 5 年内投资 4000 亿美元，推动石油行业和非石油经济的发展。印度政府也计划加快实施对建筑和基础设施的升级改造，预计在 2010 ~ 2014 年，用于电力、道路、电信、铁路、灌溉领域的投资将分别达到 1370 亿美元、640 亿美元、530 亿美元、530 亿美元、520 亿美元。

发展中国家历来是中国海外工程承包的主要市场，2009 年亚洲和非洲合计占中国国际工程承包完成营业额的 87%。正是在新兴市场的支撑下，2009 年中国对外工程承包业务实现了逆势增长。据中国商务部合作司相关负责人估计，对外承包工程带来的出口比例在 40% 左右。照此推算，2009 年中国完成的营业额就带动了约 310 亿美元的出口。同时，由于中国对外工程承包的方式渐趋高级化，对国产设备出口的带动作用会进一步增强。2009 年，总承包项目已占到中国对外总投标项目的 50% 以上，而且承揽的设计—采购—施工（EPC）方式的项目明显增多。

（亿美元）   （%）

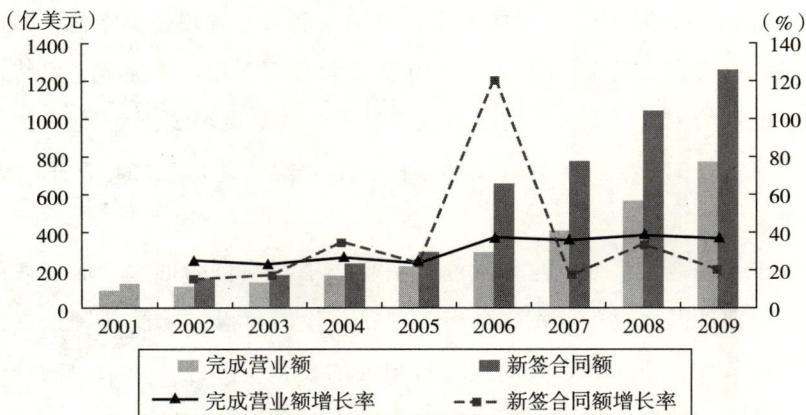

图 8.24 2001～2009 年中国对外承包工程走势

资料来源："2009 年中国对外承包工程盘点和 2010 年预测"，商务部网站。

第三节 开拓新兴市场必须着力解决的矛盾和问题

虽然面临重大发展机遇，未来中国要切实扩大对新兴市场的进出口贸易，还必须处理和解决好一些重要的矛盾和问题。

一、现有外贸政策体系对开拓新兴市场的支持不够

首先，新兴经济体的市场风险大，对企业的资金要求高。发达国家的市场经济发育比较成熟，各项经济类的法律法规比较完善，企业守法经营的意识强，信用比较有保障，资金实力也比较充裕，正常情况下都能按时履约付款或交货。这正是一直以来中国企业更愿意选择发达国家作为贸易对象国的重要原因。另一方面，新兴市场则是一个完全不同的情况。法律法规不健全，企业违约风险比较高，且企业的资金实力弱，付款或交货周期比较长，还往往需要我方提供融资。

其次，新兴经济体缺乏现成的销售渠道。由于发达国家已经形成了成熟的国内销售网络，中国企业在向发达国家出口消费品时，往往只需要把

产品卖给对方国家的批发商或零售连锁商，产品的售后服务也都由对方负责，中国企业不需要直接和对方国家的消费者打交道，就能大量出口，业务内容相对简单，风险也比较低。但在对新兴市场出口时，由于对方国家还没有遍布全国的销售网络，中国企业就需要自行建立销售及售后服务网络，这样，企业的经营内容就不再是简单的出口，而是要包括海外投资、海外企业经营管理等一系列活动，业务的复杂程度大大增加，风险也随之上升。这对于原本主要面向发达国家市场、习惯于只需要操心签约发货的中国企业，特别是其中的中小企业来说，将是一个很大的挑战。

与开拓新兴市场面临的高风险形成对照的是，目前中国的外贸支持体系仍以发达国家为重心。例如，中国贸促会总共 16 个驻外代表处中，只有 7 个分布在新兴市场，其中还不包括巴西、印度、南非这样的新兴市场大国。相比之下，日本贸易振兴机构拥有 73 个海外办事处，仅在中国就有 5 个。

由于一直以同发达国家做贸易为服务目标，现有外贸支持体系并不能为开拓新兴市场提供足够的支持。在信息提供方面，由于发达国家普遍有成熟的贸易投资公共信息服务系统，企业可以很方便地、在很多情况下是免费地收集市场信息，并不需要高度依赖中国政府的外贸公共服务体系。但是新兴经济体一般都没有这样的公共信息服务系统，因而中国企业就需要更多依赖国家的外贸公共服务体系来获取国外信息，但目前这方面的建设还比较滞后。在融资方面，由于新兴经济体的风险评级明显低于发达国家（风险更高），企业在新兴市场开展经贸活动时从国内银行获得贷款的难度和成本也大得多，而现有外贸政策对此并没有特别的支持。在人员培训方面，一个突出的问题是语言。大语种的人才好找，小语种的人才奇缺，已经成为企业开拓新兴市场时面临的重要障碍，急需政府在教育培训方面采取措施。在境外企业权益保护方面，中国驻新兴经济体的使领馆的财力、人力和物力都明显弱于驻发达国家的使领馆，限制了政府对企业权益的保护能力。

二、中国对新兴经济体存在较为严重的贸易不平衡问题

除了对东亚地区的贸易基本平衡外，中国对其他地区新兴经济体几乎都存在大量货物贸易顺差①。2008 年，中国对欧洲和中亚、拉美、南亚、中东和北非的顺差额占对该地区出口的比例几乎都超过 60%，且顺差额逐年扩大。这主要是由于中国对新兴经济体的进口结构比较单一，能源和矿产资源占了绝对优势，再就是农产品，其他工业制成品的比例很小。这种贸易不平衡状况虽是双方比较优势的反映，但仍会引起对方国家的担心和不满。此外，以工业制成品换取别国的资源类产品，往往被认为是一种掠夺性的贸易结构，在政治上难以被贸易伙伴接受。事实上，近年来中国已成为新兴经济体反倾销的众矢之的。1995 ~ 2009 年，中国共遭遇 761 起反倾销调查，而由印度、阿根廷、土耳其、巴西、南非、墨西哥、韩国、哥伦比亚、秘鲁、埃及这 10 个新兴经济体发起的就达到 448 起②。

展望未来，中国的主要出口方向逐步转向新兴经济体。虽然中国对新兴经济体的能源、矿产资源和农产品存在旺盛的需求，但别国对中国机电产品以及轻纺产品的需求也在快速增长，如果不能改变现有的贸易结构，双方贸易失衡的规模将进一步扩大。

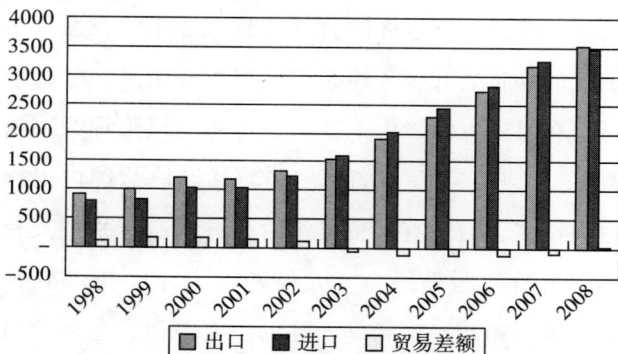

图 8.25　中国对东亚新兴经济体的贸易平衡状况（单位：亿美元）
资料来源：同图 8.4。

①　将某地区内的新兴经济体作为一个整体来统计。
②　数据来自 WTO。

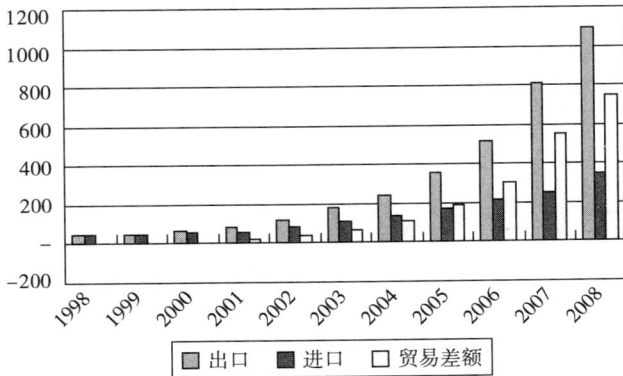

图 8.26　中国对欧洲和中亚新兴经济体的贸易平衡状况（单位：亿美元）

资料来源：同图 8.4。

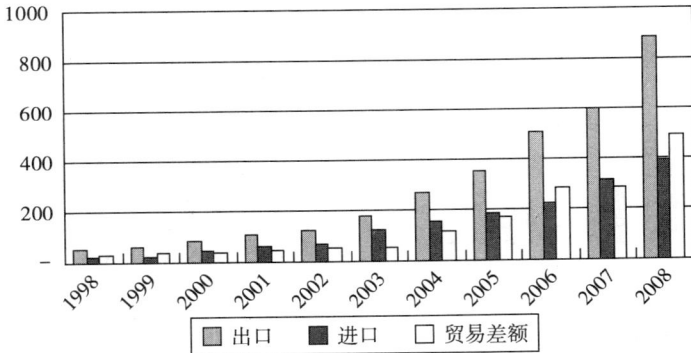

图 8.27　中国对拉美及加勒比地区新兴经济体的贸易平衡状况（单位：亿美元）

资料来源：同图 8.4。

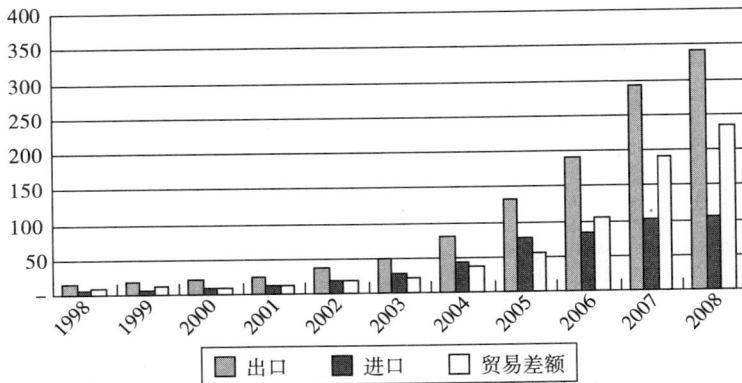

图 8.28　中国对南亚新兴经济体的贸易平衡状况（单位：亿美元）

资料来源：同图 8.4。

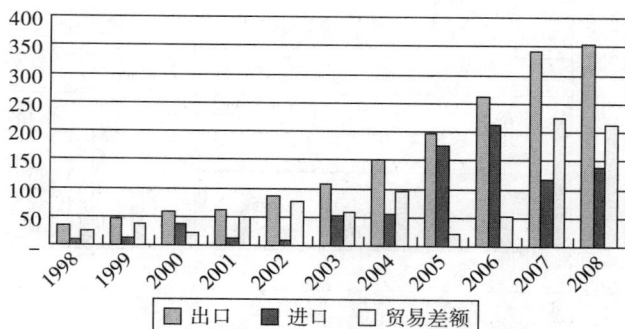

图 8.29　中国对中东和北非新兴经济体的贸易平衡状况（单位：亿美元）
资料来源：同图 8.4。

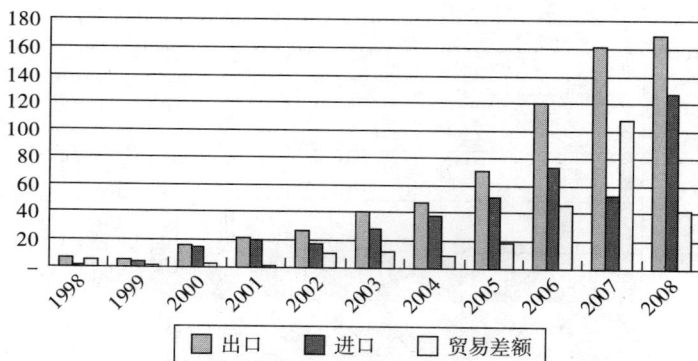

图 8.30　中国对撒哈拉以南非洲新兴经济体的贸易平衡状况（单位：亿美元）
资料来源：同图 8.4。

三、中国与其他劳动密集型产品出口国之间的竞争问题

发展劳动密集型制造业并扩大出口，是低素质劳动力充裕的发展中国家解决国内就业问题的最主要途径。全球劳动密集型产品的竞争实际上是就业机会的竞争。由于众多发展中国家的工业化由进口替代转向出口导向，或是由单纯的进口替代变为进口替代与出口导向相结合，中国与新兴经济体之间围绕劳动密集型产品的市场竞争明显加剧。

以服装行业为例，2005 年有 13 个新兴经济体的出口对服装的依赖度超过了 30%，其中有 6 个依赖度超过 50%。随着 2005 年多纤维协定到期，中国的出口由于配额的取消出现了井喷式的增长，与其他出口国之间的矛盾凸显。1990~2000年，不少国家的服装出口增速都快于中国，如墨西哥、孟加拉国、罗马尼亚、斯里兰卡，但在2000~2005年，出口增速高于中国的就只剩下越南这一个国家，不少国家的出口增速出现了大幅度的下降，有的甚至出现了零增长甚至负增长。

据世界银行测算，从2001年到2030年，发展中国家将新增10.9亿劳动力，其中85%都是低素质的非熟练工人。其中，南亚、撒哈拉以南非洲、拉美、中东和北非地区将分别新增3.4亿、2.8亿、7900万和5700万非熟练工人，中国也将新增7600万非熟练工人。大量新增劳动力的就业问题对各国无疑是严峻的挑战，通过扩大出口缓解就业压力仍会是新兴经济体的政策选择。中国如果大量向新兴市场出口劳动密集型产品，将不可避免地威胁到其国内产业的发展。如果不能妥善处理这一矛盾，必将妨碍双边经贸关系的发展。

第四节　抓住战略机遇，积极拓展新兴市场

鉴于新兴经济体将成为中国的主要出口市场和能源资源的主要进口来源，成为中国工业化顺利推进的关键，未来中国外贸工作的重心应做重大调整，迅速由发达国家转向新兴市场。

一、大力加强开拓新兴市场的政策支持力度

相比对发达国家的进出口，与新兴经济体企业做贸易的风险和难度都大得多，仅凭现有的外贸政策，无法对有意开拓新兴市场的企业提供足够的支持。要把握目前难得的战略机遇，就必须针对新兴市场的特点，迅速建立包括融资、信息提供、人员培训、境外企业权益保护等方面在内的综合性的政策支持体系。同时，还应实现对外贸易政策与对外投资、引进外资、对外援助、区域经济合作等诸方面政策的相互协调与配合，通过各种途径促进中国对新兴经济体贸易关系的快速发展。

二、通过对外投资、援助和开放市场，积极帮助新兴经济体发展工业

　　新兴经济体中的主要能源资源出口国一直有发展资源加工业、提高出口产品附加值的愿望。对中国来说，将高能耗和高资源消耗的资源加工产业部分转移到能源资源丰富的新兴经济体，既有助于节能减排，也可以节约能源资源长距离运输的成本，增强产品的竞争力。因此，应当鼓励国内资源加工业将新增产能更多地放到新兴市场。

　　发展劳动密集型的轻纺工业是人力成本较低的发展中国家工业化起始阶段的首选。随着劳动力成本的攀升，中国轻纺企业从维持竞争力的角度出发，也有将部分技术复杂程度较低的生产环节外移的要求。对此政府不应加以限制。劳动密集型产品的技术含量不同，对劳动者素质的要求也不同，通过提高劳动者素质，发展技术劳动密集型产业，以及发展那些规模经济效应明显、小国家难以达到经济生产规模的产品，中国完全有可能实现轻纺工业的升级，避免与新兴经济体在低端市场上的恶性竞争。

　　经过30年的高速增长，中国已经形成了规模巨大的国内市场，对其他新兴经济体的吸引力大大增强，未来应结合国内产业政策的调整，进一步扩大市场开放的力度，针对新兴经济体的优势产品主动降低关税，为别国的轻纺工业和资源加工业提供一部分市场。

　　通过以上措施，即使不能改善对方对中国的出口，只要能改善对方对全球的总体贸易平衡，就有利于双边贸易的和谐发展。更重要的是，如果新兴经济体的工业化得以顺利推进，将会为中国资本密集型产品的出口创造出巨大的需求，推动中国的自主创新和产业结构升级。只有按照这样一种相互创造需求的经济发展模式，才能真正实现中国与其他发展中国家的互利共赢与和谐发展。

三、积极寻求与发展中大国和主要的能源资源出口国建立自由贸易区

进入 21 世纪以来，中国的自由贸易区战略已取得较快进展，目前已与东盟、巴基斯坦、智利、新西兰、新加坡、秘鲁、哥斯达黎加，以及中国的香港和澳门地区签订了 9 个 FTA 协议。但是，到目前为止，中国的 FTA 伙伴中还缺乏像巴西、印度、俄罗斯这样的发展中大国，而这些国家人口众多、经济增长速度快，国内市场潜力巨大，对于中国未来的机电产品出口和产业结构的升级具有特别重要的意义。目前中国的 FTA 伙伴中也没有包括主要的能源资源出口国，而发展同这些国家的自由贸易关系，对于保障中国以较低成本获得稳定的能源资源供给十分重要。

本章完成人：吕刚。

第九章

后危机时期，保障海外战略资源供给的机遇和对策

我国经济发展所必需的许多战略资源，如石油、铁矿石、铜、铝、钾肥等，需要依靠进口弥补国内储量和供应量的不足。目前，我国主要通过直接购买进口获得海外战略资源。虽然我国已经加大投资收购、直接开发开采海外矿产资源的力度，但是，由于经验、市场环境等主客观条件的限制，我国获取海外战略资源供应的规划性、系统性、策略性等，还存在明显的不足。后危机以及我国"十二五"规划时期，世界经济处于从金融危机中复苏和结构调整阶段，这为我国多渠道、多方位地获取海外战略资源提供了重要的机遇。我们应该积极谋划，抓抢机遇，保障海外战略资源供给，为我国经济长期稳定发展保驾护航。

在当今世界市场上，除非出现重大的突发性事件，一般情况下，不会出现海外资源完全断供的窘境。保障海外战略资源供给，主要是指保障海外战略资源的稳定供给和低成本供给，减少经济发展利益的流失。

第一节 我国需要扭转不利的战略资源供求局面

我国经济的快速增长，拉动了对战略资源需求的大幅增加。但是，受自然资源条件的约束，我国战略资源的供给需要通过大量进口来满足，从而形成了对外依存度较高的供求格局。2000～2010 年，我国的铁矿砂进口量从

7000 万吨增加到了 6.19 亿吨，原油进口量从 7000 万吨增加到了 2.39 亿吨，氧化铝进口量从 188 万吨增加到了 431 万吨，铜矿砂的进口量从 181 万吨增加到了 647 万吨，见图 9.1 和图 9.2。目前，我国石油和铁矿石的对外依存度超过了 50%，铜、铝的对外依存度超过了 60%，煤炭也从净出口变成了净进口。据国土资源部预测，到 2020 年，我国在 45 种主要矿产中，有 19 种矿产将出现不同程度的短缺，其中 11 种为国民经济支柱性矿产。以石油、煤炭、铁、铜、铝、锌、铬、钾盐等重要矿产为例，预计到 2020 年，上述矿产的供需缺口分别为 2.54 亿吨、9.85 亿吨、2.94 亿吨、300 万吨、800 万吨、43 万吨、400 万吨和 1500 万吨。从海外获取战略资源供应，是克服自然资源条件约束，保障我国经济社会持续发展的必然选择。

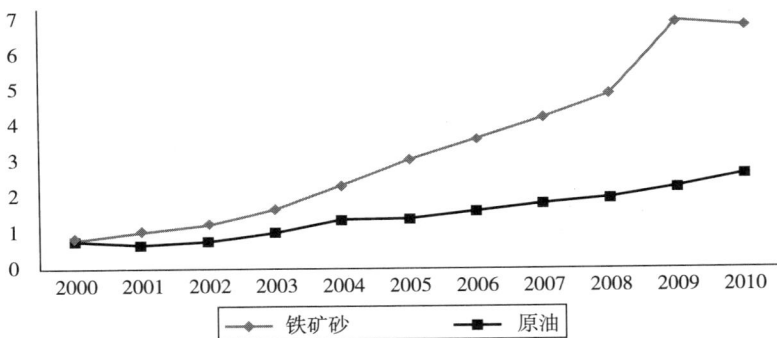

图 9.1　2000～2010 年我国铁矿砂和原油进口量（亿吨）

资料来源：中国统计年鉴。

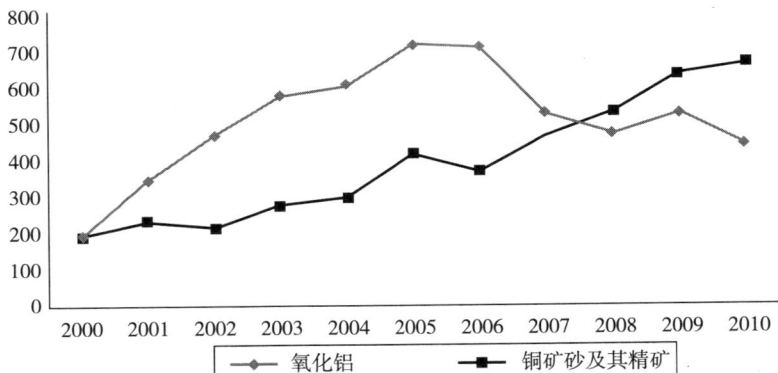

图 9.2　2000～2010 年我国铜矿砂和氧化铝进口数量（万吨）

资料来源：同图 9.1。

从国际战略资源供求格局来看，20 世纪 90 年代前，发达国家的生产和消费是国际资源市场的主导力量；90 年代后，发展中国家在世界资源生产消费中的重要性日益上升。进入 21 世纪，发展中国家的资源生产消费量逐渐赶上、有些甚至已经超过了发达国家，如铁矿石、铜等。但是，世界战略资源的生产集中度仍然较高，发达国家的大型矿业公司掌握了世界上主要的已开发的优质大矿场；世界上主要的大油气田则为资源所在国的国有大公司和发达国家的大型能源公司控制。这种寡头垄断式的控制，保证了这些大公司母国对战略资源的基本需求，又能利用寡头垄断的优势，联合控制国际市场供应，左右国际市场定价，攫取最大的垄断性利润。这对于中国等发展中国家获取稳定的海外资源供应，是非常不利的。近二十年来，由于新兴经济体国家群体的崛起，在短时间内形成了对世界能源资源新的巨大需求。由于新增资源的勘探、开采需要一定周期，生产供应量难以迅速扩大。供应量增幅跟不上需求量增幅，导致国际资源能源价格大幅上涨，其实质是新兴经济体国家发展成果的相当大一部分流失到了国际矿业巨头的账户上，成为其资产负债表上的利润。

因此，寻找、抓抢获取海外战略资源稳定供应的机遇，扭转不利的战略资源供求局面，扩展海外战略资源的来源、渠道，是保障我国经济社会持续健康发展和避免发展成果流失的一项关键性任务。

第二节　我国在获取海外战略资源中遇到的主要问题

我国大规模进口多种战略资源的时间还不长，参与国际资源市场的经验不够丰富，因此，在获取海外战略资源供应保障方面，遇到了一些问题。这些问题包括：

（1）海外资源战略缺乏总体规划，关于世界矿产资源分布、开采和各国相关法律法规的资料信息不完备。美日等发达国家都有全面而清晰的全球性资源战略规划和较完备的相关信息资料，值得我们学习借鉴。

（2）海外资源投资策略方法不够丰富。在组合运用贸易、投融资、政治外交等方式上，缺乏前瞻性、系统性地运筹谋划。

（3）合作对象、合作目标较为单一、狭窄。合作对象常常限于资源所在国政府或大型跨国公司，与其他相关机构的合作力度不足；合作目标常常限于获取矿产资源，对于获取资源高效使用和贫矿开采技术等不够重视。

（4）我国海外资源投资以国企为主、民企较少，决策经营不够迅捷灵活；企业的海外经营缺乏协同。国内企业为了争夺海外矿产资源竞相抬价、相互挖墙脚等情况时有发生。

（5）海外资源运输通道建设、维护力度不够。保障海外战略资源供应，不仅需要通过购买、投资获取海外资源，还需要将之安全地运回国内，因此，运输通道、管线等的建设保护非常重要。我国在这方面的投入、运筹尚需加强。

（6）不善于运用国际资源定价机制保障自己的利益。在国际资源贸易的定价谈判中往往处于被动接受对方报价的地位，利益损失巨大。准确判断买卖和投资时机的能力有所欠缺，常常因此而错失最佳交易时机。

（7）受到国际大型资源公司的竞争挤压。一些国际矿业巨头利用在世界矿产资源市场上的寡头垄断地位，常常或明或暗地阻碍我国获取海外矿权。

（8）一些国家对我国投资其战略资源有政治上的顾虑，认为我国对外投资的透明度不够，担心影响其国家安全。据统计，2009 年我国企业 3 亿美元以上的海外并购交易有 32% 未获得境外监管部门的批准。

第三节　发达国家获取海外资源的经验

一、全球化的资源战略

美国、日本、英国等经济发达国家，都认识到仅靠本国资源发展经济是不够的，获取稳定的海外资源供应是经济长期持续发展的保障。因此，这些国家实施全球化的资源战略，注重海外资源的勘查、开发和获取，以保障其本国战略性矿产资源的供应安全和经济发展权益。

二、全球矿产资源信息网络

美国、日本等国都建立了全球矿产资源信息网络，以掌握全球矿产资源的自然分布状况和供求信息，为实施全球化资源战略做好充分准备。

三、多方合力，获取海外资源

通过经济、技术援助和政治、军事合作等方式，开展资源外交，加强和资源国的联系，为本国企业投资创造友好环境；制定优惠政策，鼓励企业海外投资，如海外并购可加速折旧、信息服务等；日本专门组建了"石油公团"、"金属矿业事业团"等促进性机构，支持日本企业投资海外矿产资源；美国通过建立海外军事基地或给予军援等方式支持本国获取海外资源。发达国家还充分利用资本市场的融资功能，为支持企业海外投资发展发挥重要作用。

四、企业是获取海外资源的行动主体

政府和企业间协会组织，主要是提供海外资源投资的政策游说、政策制定和协调服务等鼓励支持措施，海外投资获取资源的行动主体或者说执行者则是企业。海外战略资源供应保障的成功与否，最终还是取决于企业的能力和经营行为。

五、运作方式灵活多样

例如，日本企业投资海外资源，并不简单地以获得全部开采权益和寻求投资主导权为目的，而是更多地采取和国际矿业巨头、当地企业合作的方式，通过小规模但广泛、多元化地投资，获取海外矿产资源供应。

第四节　后危机时期我国获取海外战略资源供给的机遇

改革开放以来，我国和世界经济的联系日益紧密。我国和发达国家、国际大型资源公司在获取全球战略资源的活动中，虽然存在竞争，但也存在"你中有我、我中有你"的互利合作的基础。我国和资源丰富的非洲、拉美等地的发展中国家有着长期友好的历史渊源，这是我国获取海外战略资源供给非常有利的条件。除了上述有利因素以外，随着国际政治经济形势的变化，后危机和"十二五"时期，我国获取海外战略资源面临着一些新的重要机遇。

一、资源富裕国欢迎我国企业投资

世界经济尚处于企稳、复苏阶段，资源富裕国普遍面临经济不景气，欢迎外国投资带动本国经济走出金融危机的阴影。发达国家中的资源富裕国对我国企业投资的态度有所缓和变化，例如，金融危机以来，我国已经在澳大利亚和加拿大成功实施了多起矿产资源并购。我国已经成为第二经济大国，在世界银行和国际货币基金组织等国际组织中的地位进一步提高。发展中国家的资源富裕国受我国经济发展成就和国际地位提高的鼓舞，既欢迎我国投资带动当地经济增长，更希望藉此加强和我国的经济技术交流，分享经济社会发展经验，在国际舞台上携手合作。

二、国际资源和相关行业企业经营困难、扩张乏力

世界经济已经从金融危机的低谷中走出来，正处于复苏阶段，部分矿产资源价格已经大幅反弹，如铁矿石等。但是，总体而言，世界战略资源的市场需求还没有恢复到危机前的水平，许多国际大型矿业公司面对市场需求缩减，处境困难。一些矿业公司选择了减产、裁员，如世界三大矿业巨头淡水河谷公司、力拓公司、必和必拓公司；加拿大的锌、镍、铜等生

产商大面积亏损；美国铝业一度宣布破产；澳大利亚的 OZ 矿业公司陷于破产边缘（中国五矿后收购其主要资产）；FMG 公司资不抵债，现金流断裂，总债务为 66.3 亿澳元，总资产为 60.9 亿澳元，资产负债率达 109%。受金融危机、主权债务危机等冲击，发达国家的资本市场、银行贷款等融资渠道萎缩，国际矿业企业暂时难以大举筹资扩张，购并全球矿产资源。

国际投行和律师事务所是我国开展海外（尤其是在发达国家）并购重要的商业合作对象。加强与国际投行、律师事务所等相关行业企业的合作，对增强我国企业海外并购的商业技巧和游说能力，有直接的帮助作用。金融危机下，不仅国际投行业，而且一些律师事务所也遇到了很大的困难。据报道，受金融危机波冲击，美国律师事务所掀起合并风潮，"2008 年 9 月 25 日，成立于 1890 年的美国海陆律师事务所（HellerEhrman）宣告破产。该所总部在美国旧金山，破产前有 700 多名律师，并在全球有 14 家分所，包括香港、北京和上海。其后不到一个月的时间，美国思瑞律师事务所（ThelenReid）通过全球合伙人决议，决定破产，最后关门日期是今年 12 月 1 日，这是一家国际律师事务所，拥有大约 600 名律师，并以其在建筑、公司融资、房地产与结构性融资、技术、媒体与通信、能源及复杂诉讼等领域的业务特色而驰名。金融危机中，以美国为首的金融律师业务遭受重创，裁员、破产或者重组，是很多以金融业务为主的律所不得不面对的选择"①。面临困境的国际投行和律师事务所，需要更多的业务和资金、技术等合作来帮助其渡过难关。

三、我国资源企业跨国经营能力增强

中国拥有充裕的外汇储备，矿产资源企业现金流充足、资金实力雄厚，国内股市、银行等融资渠道畅通，对外投资资金有保障。即使在危机严重的 2008 年，中国铝业、五矿、中石油、中石化、中国有色等企业仍然保持了良好的业绩。

---

① 引自互联网材料。

中国企业积累了一定的海外投资经验，商业经营方式方法更加多样化。如更好地和当地政府打交道，更好地处理获取资源和带动当地经济发展、就业的关系，和其他跨国企业联合投资等。面对危机的国际大跨国企业也开始愿意和中国企业联合投资。

四、国内各界对实施全球化资源战略的必要性达成了共识

党中央、国务院高度重视我国战略资源供给的安全保障。中央领导人多次指示，在立足国内的前提下，必须加大对企业"走出去"利用国外资源的扶持力度，坚持实施"走出去"战略和缓解国内短缺资源约束相结合的方针，积极引进来、走出去，通过平等合作，开发利用国外资源，实现共同发展。资源能源企业和相关单位从企业经营和社会可持续发展相互促进、互动的共赢关系中，也有愿望、有动力去海外投资获取战略资源。

金融危机爆发后，我国政府和企业吸取前几年经济发展遭遇资源能源瓶颈和海外投资遇到障碍的教训，积极筹划、迅速反应，较为成功地实施了一系列并购海外战略资源的行动，有媒体称之"抄底成功"。据统计，2009年全球矿业和金属业完成并购交易共计1047起，金额总计600亿美元。其中，中国投资并购交易金额为161亿美元，占比27%，居年全球之首。2010年上半年，我国海外并购交易量同比增长超过了50%。

迄今为止，我国利用金融危机抓抢获取海外战略资源机遇的行动，应该说还是比较成功的。目前，世界经济已经企稳并逐渐复苏，发达国家和大型跨国资源能源企业，已经开始扩张投资，和我国争夺矿产资源；一些地区猜忌我国获取矿产资源动机和负面影响的不利舆论又开始出现。因此，我国需要统筹谋划，抓抢后危机和"十二五"时期获取海外战略资源供给保障的机遇，并将此项工作常态化、长期化。

第五节　制定相应对策，抓抢保障
海外战略资源供给的机遇

在当前的世界经济格局中，各国经济是紧密相连、相互依存的，任何一国经济都难以完全独立于世界经济循环之外。为了能更加持续稳定地获取海外战略资源，我国应该以"互利互惠、合作共赢"、"共享利益、共担风险"为指导原则，在不影响国家政治外交安全的前提下，扩大和各国政府、跨国大公司和相关机构的合作，分享资源开发的收益。虽然因此而不能独享发展收益，但可以避免独自承担资源开发的巨大风险，也可避免独自面对多路强手竞争资源的不利局面。

一、战略规划

战略资源供应安全，对于我国经济社会长期稳定发展至关重要。作为部分战略资源不得不依赖进口的国家，我国应该将保障海外战略资源供应提高到国家层面制定统一的战略规划。对我国缺乏的战略资源，可能的供求缺口、国际上的供求状况等等，进行仔细的研究分析，制定相应预案。对全球战略资源的分布、（已发现的和可能潜在的）储量、品种结构、所在国对待外国投资的法律市场环境、各国对战略资源供求等情况，建立可供相关机构共享的信息网络库。应该要求我国驻资源国的大使馆或其他驻外机构，提供当地资源状况、法律环境、投资政策、其他外资进入情况等最新信息。

二、领导机制

设立专门机构或机制，管理获取海外战略资源工作。例如，可以成立由国家发展和改革委员会、商务部、外交部等参加的部际联系机制，下设处理日常事务的办公室，统筹规划、协调管理，包括制定相关政策措施和协调企业海外行动、减少相互间恶性竞争等。

三、工作任务

（1）扩大战略资源进口，加强战略资源储备；利用需求低迷、价格回落的时机，通过贸易购买战略资源，扩大储备。

（2）投资收购海外资源开采权益；抓住世界经济复苏缓慢、国际需求依然低迷的形势，寻找合适的战略资源矿产，积极投资购并。

（3）通过联合研发或者直接购买，获取资源高效使用[①]和贫矿开采利用技术，包括清洁能源技术、海洋油气资源勘探开发技术等[②]。

（4）加强和资源开发相关的基础设施建设、海洋和陆路运输线路的设计、与相关国家地区合作等工作。

（5）研究运用国际大宗商品定价机制，提高国际定价能力，减少利益损失。

（6）加强海外资源的前期勘探工作，为获取潜在的新增战略资源做好铺垫准备工作。

四、运作方式

灵活运用单独行动和联合行动、现金购买和股权交换、正向收购和反向收购、差异化的开发权益比例和期限组合等方式，获取海外战略资源。

五、支持措施

（1）加快推进战略资源储备体制和组织机构建设、落实储备资金和人

---

① 资源高效利用技术对保障资源供应具有重要意义。据 2011 年元月初中央电视台报道，我国铀资源利用技术获得突破，效率提高了 60 倍，使得我国已探明的铀资源使用年限从原先的 50～70 年延长到了 3000 年。

② 据分析，海洋蕴藏的油气资源超过全球总储量的 70%。统计资料显示，最近十年全世界新发现的大型油气田中，海洋油气田已经占到了 60% 以上；2009 年海洋石油产量已占全球石油总产量的 33%，预计到 2020 年，这一比例将达到 35%；海洋天然气产量占全球天然气总产量的 31%，预计到 2020 年，这一比例将达到 41%。此外，海洋中还蕴藏极其丰富的可燃冰资源（中国石化新闻网：《未来 40% 油气资源将来自海洋》）。

员配备。《全国矿产资源规划（2008～2015）》中表示将推进建立石油、特殊煤种和稀缺煤种、铜、铬、锰、钨、稀土等重点矿种的矿产资源储备，其中石油储备基地已经开始建设，其他战略资源储备体系建设也应该加快推进。

（2）设立专项机制和流程，审批国内企业到海外进行战略资源的勘查、开发等活动，简化程序，提高效率。

（3）设立支持海外资源勘探、开发的专项投资基金，通过入股、贴息贷款等方式支持企业获取海外战略资源。

（4）对海外战略资源开发经营活动，给予相应的税收优惠。例如，对于海外资源开采使用的工程设备给予加速折旧等政策支持。

（5）设立专项保险基金，对海外资源开发投资活动给予保险或者再保险支持。

（6）对于投资海外战略资源的贷款融资、外汇使用等，实施较为宽松的政策。

（7）在国际金融市场上，运用发债、借款、发行股票等融资手段，为获取海外战略资源提供更多资金来源。

（8）加强我国海外财产和人身的安全保护，推进和当地治安力量的沟通、合作。

（9）完善支持获取海外战略资源的各项法律法规。例如，尽快制定《国家战略资源储备法》，明确我国战略资源储备制度的架构、资源品种、数量、方式、资金投入、设施建设、资源企业的责任和义务等内容[①]。对支持海外资源投资的各项优惠措施，也应该通过立法或者制定相关政策予以实施。

（10）统筹协调，发挥各类企业的作用。我国央企在海外资源投资中发挥了重要作用。迄今为止，一些大型的海外矿产资源并购项目，几乎都是央企进行的，这主要是因为央企资金实力雄厚、开展海外业务经验丰

---

① 全国政协委员、德意志银行（中国）有限公司董事长张红力的建议。

富、国家支持、人才较多等，相对于民营企业或者规模较小的国有企业、股份制企业等，更适合于开展风险较大的海外资源项目业务。但是，民营企业、股份制企业有反应快、市场嗅觉灵敏的优点，并且可以淡化有些国家政府比较忌讳的国有企业的政府背景色彩，因此，应制定相应的支持政策，鼓励各种所有制企业发挥各自的优势，独立或者相互联合地对外投资，获取海外战略资源。各类企业在海外行动时，应该加强沟通协调，以国家整体利益为重，减少相互间的恶性竞争。

六、国际合作

发挥我国在国际政治经济治理体系中地位提高、话语权增加的有利条件，根据不同资源国家的情况特点，开展有针对性的资源外交活动。加强与资源所在国政府、社区和国际相关企业的合作，为获取海外战略资源创造更好的国际环境。

签订双边经贸协定或者自贸区协议，用我国的市场、资金（如石油贷款等）、技术等换取资源进口和矿产开发权益；我国驻重要资源大国的使馆应协调我国在当地的资源开发事务，帮助国内企业建立联系渠道、解决投资疑难问题等。

将资源开发和带动当地经济社会发展相结合，如帮助资源所在地改善民生、延伸资源加工产业链等，增强当地民众对我国开发资源的友好感和认同感。

加强与国际投资银行、律师事务所、各类投资基金等相关机构的合作，联合投资开发某些资源矿产项目，增强我国企业海外并购的商业技巧和游说能力，提高投资成功的可能性。

本章完成人：许宏强。

第十章

后危机时期抓住机遇，推进
加工贸易转型升级

我国的加工贸易始于 1978 年广东承接的第一份来料加工贸易合同。伴随着改革开放的脚步，我国的加工贸易经过了 30 余年的历史，成为我国工业化的一条新道路。未来，加工贸易将在我国经济发展方式中发挥更大的作用。后金融危机时期面临着新的发展机遇，我们需要针对加工贸易转型升级需要，进一步完善加工贸易政策。

第一节　加工贸易发展的成就与作用

加工贸易进出口总额从 1980 年的 16.7 亿美元增长到 2008 年的 10535 亿美元，增长了近 630 倍，相应地，加工贸易在我国对外贸易中的比重已经从 1980 年的 4.4% 提升到 41%。2009 年受金融危机影响加工贸易额有所回落，为 9093 亿美元（如图 10.1 所示），但在全国对外贸易中的比重仍维持在 41%。

加工贸易从无到有，由小到大，不仅推动了我国对外经济贸易的发展，更对整个国民经济的发展起到了巨大的推动作用。

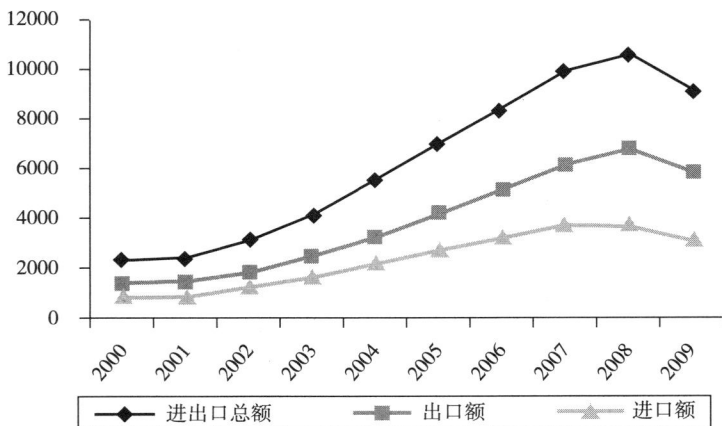

图 10.1　2000～2009 年加工贸易的发展变化（单位：亿美元）

一、极大地支持了我国外向型经济的发展

加工贸易出色地完成了我国对外开放的最初目标——"出口创汇"，使我国经济得以从计划体制下的"进口替代"战略，转变为"进口替代与出口导向相结合"的战略，并获得成功。

中国加工贸易是贸易政策与外资政策的最佳结合，对我国对外贸易发展具有显著作用。由于实行加工贸易政策，我国成功地承接了出口导向型的外商直接投资，将外资企业在技术、管理、设备、销售渠道、品牌等方面的优势与我国劳动力、土地成本、基础设施等方面的优势有机结合，使我国迅速成为面向全球的低成本加工制造基地。加工贸易出口中，80% 多是由外商投资企业完成的。

二、开辟了工业化发展的新道路

加工贸易是中国在经济全球化背景下推进工业化的一条新道路。加工贸易的发展，既可以引进外资，弥补资金缺口，更重要的是，加工贸易大大增强了我国出口创汇能力。到 2009 年，加工贸易累计顺差达到 1.66 万亿美元，解决了发展中国家工业化普遍面临的"外汇缺口"制约，为我国推进工业化提供了宝贵的外汇资源。

随着加工贸易的大发展，我国制造业水平迅速提高，加工贸易的国内配套率日益提高。根据测算，2009年我国加工贸易国内配套值超过2200亿美元。

三、引领了我国贸易结构升级

中国外贸结构的迅速提升更加引人注目。制成品出口的比重从不到一半，上升到95%，令我国从依靠初级产品出口迅速提升为制成品出口大国。制成品出口中，机电产品的比重从不到10%提高到62%，高新技术产品出口比重则达到了33.1%，超过了经济合作组织（OECD）的平均水平。在我国外贸结构的提升中，加工贸易发挥了不可替代的突出作用。1993～2009年间在高新技术产品和机电产品出口中，加工贸易占比的平均值分别为87.2%和72.8%。

四、促进了我国技术进步和产业升级

首先，加工贸易带来了新产品、新技术，推动了产业升级。由于加工贸易企业是面向国际市场为主的，在国际竞争压力的推动下，我国加工贸易企业不断更新技术，以保持其国际竞争力。

其次，加工贸易促进技术研发能力的提高。2004年以来，跨国公司在华研发机构的规模迅速扩大，研发水平迅速提高，在华研发机构在跨国公司内部的地位不断提高，很多已经上升为全球级别的研发中心，研发人员的素质不断提高。

第三，加工贸易具有明显的技术外溢效应，促进了我国自主创新。加工贸易技术外溢效应具有多种途径，一是新产品的示范、扩散与竞争；二是对配套企业的订货要求与技术支持，大大提高了国内配套企业的生产、管理与技术水平；三是人员培训与流动；四是加工贸易的发展，推动我国发展起具有国际竞争力的产业集群，为本土企业开展自主创新提供了良好的制造业基础。

五、创造了大量就业机会

经济资源短缺、劳动力相对富余，这是中国的基本国情。通过参与国际分工，可以使我国出口劳动密集产品，换取我国相对短缺的资源类产品、技术与资本密集型产品，从而实现经济的持续增长。加工贸易不但增加了大量就业岗位，而且促进了劳动力的地区转移，提升了人力资源的素质。

第二节　加工贸易转型升级的必要性与紧迫性

一、加工贸易转型升级是国家战略的重要内容

尽管过去的 30 多年，我国加工贸易取得了巨大成就，但加工贸易也存在着不少问题，如产品附加价值不高、劳工问题、环境问题、走私问题等。近年来，各级政府日益重视解决加工贸易存在的问题，促进加工贸易的健康发展。2003 年中共十六届三中全会《中共中央关于完善社会主义市场经济体制若干问题的决定》首次正式提出了引导加工贸易转型升级的要求："继续发展加工贸易，着力吸引跨国公司把更高水平、更大增值含量的加工制造环节和研发机构转移到我国，引导加工贸易转型升级。"2004年，国务院召开了全国加工贸易座谈会。2007 年中共十七大报告提出，"加工转变外贸增长方式，立足以质取胜，调整进出口结构，促进加工贸易转型升级，大力发展服务贸易"，再次重申了加工贸易转型升级的任务。可见，加工贸易转型升级是我国转变发展方式和改革开放战略的重要内容。

二、加工贸易转型升级是企业面对我国比较优势变化的必然选择

加工贸易附加价值较低的现状，在很大程度上取决于我国以低成本为主的比较优势。随着我国经济的快速发展，我国在劳动力、土地成本上的

优势正逐渐丧失。2003 年以来，中国沿海地区"民工荒"日益加剧，意味着我国劳动力供求关系正在发生根本改变，中国取之不尽、用之不竭的廉价劳动力时代行将结束。与此同时，在科学发展观的指导下，我国在经济发展过程中，更加注重对环境、资源和劳动者权益的保护。在低成本优势逐渐弱化的同时，新的优势正在出现：日益扩大的本土市场、完善的基础设施、完备的产业配套能力和不断完善的制度环境。我国比较优势的变化推动了加工贸易企业的转型升级。

三、加工贸易转型升级是企业应对金融危机的战略选择

2008 年爆发的全球金融危机严重冲击了加工贸易。由于外部订单急跌，在东部沿海的加工贸易重镇，很多企业停工，甚至关闭，大量工人失业。2010 年以来，加工贸易正在呈现出恢复性增长，1～6 月加工贸易出口3325.31 亿美元，同比增长了 32.9%。虽然订单在增加，但仍是以补库存的需求为主，短单多长单少，订单并不十分稳定。

为应对危机，各地纷纷出台了一些促进包括加工贸易的措施。企业也越来越强烈地意识到要通过创新和转型升级来提升竞争力，抵御外部风险。很多企业开始重视加大研发投入，提升自主创新能力。

四、加工贸易转型升级是后金融危机时期我国外贸平稳发展的必由之路

后金融危机时期，我国外贸发展将面临更加不确定和竞争更激烈的外部环境。由于金融危机积聚的问题会在较长一段时期里通过局部性危机释放，全球经济将呈现出一种不平稳的复苏状态，并通过订单的波动、贸易保护主义等渠道增加了国际贸易发展的不确定性；全球再平衡、产能过剩等问题加剧谋求全球经济的再平衡将成为国际经济发展的主旨目标，国际竞争将加剧；气候变化将带来国际贸易规则和国家间竞争手段的变化。

面临如此不确定的外部环境，我国必须大力推动加工贸易转型升级，确保外贸的平稳发展。

第三节　后金融危机时期，加工贸易转型升级
面临的机遇与条件

一、国际产业转移的新浪潮为加工贸易创造了难得的外部发展机遇

加工贸易是产业内分工的主要形式和产业环节转移的重要体现。百年不遇的金融危机将掀起新一轮国际产业转移的浪潮，为中国经济结构升级和加工贸易转型升级带来新的战略机遇。

本次金融危机与气候问题并发，低碳理念将改变人们的生产和生活，随着气候规则国际化进程的加速，低碳化将是推动传统产业改造和新兴产业成长进而重塑全球产业结构的重要力量。后危机时代全球经济产业结构升级换代和更迭重组必然伴随着产业从发达经济体向发展中经济体的梯度转移。

从微观层面看，金融危机将引发全球产业链条的大规模外移和外包。后危机时代，面对更加激烈的国际竞争，对外转移劳动密集环节甚至资本密集的非核心环节，聚焦技术密集和知识密集的核心环节，成为跨国公司争相采取的战略手段。

二、全球经贸格局的演变为加工贸易转型升级带来新机遇

首先是新的市场空间。近年来，新兴经济体的快速崛起是世界经济格局中的一个重要特征。金融危机爆发以来，发展中国家经济发展势头强劲，将为我国对外贸易特别是加工贸易的发展提供更趋多元化的市场空间。

其次是新的投资机遇。很多企业依靠加工贸易的发展不断积蓄力量，在危机中借国外资产贬值之际成功"走出去"。今后，发达国家的各种救市措施及再制造业化战略的实施，将为这些企业通过海外投资实现全球产业链的上下游延展和附加值的提升创造难得的投资机遇。

第三是人才流动新趋向。近年来，国际中高端人才呈现出"逆向"流动新态势，即由原来从发展中国家流向发达国家演变为由发达国家开始向发展中国家回流。

第四是新的生产范式。进入新世纪以来；"大规模定制"① 在汽车、服装、家电、手机、银行保险和旅行服务等众多行业得到广泛应用。对于我国大量蛰伏在全球产业链中低端环节上的加工贸易企业而言，大规模定制无疑也为之升级换代提供了崭新的路径和空间。

三、中国转变发展方式的战略推进为加工贸易提供了良好的发展条件

首先，扩大内需为加工贸易转型升级创造了难得的市场条件。国内市场的壮大是中国加工贸易产业升级换代的基础，在购买者驱动下的全球产业价值链上尤为如此②。以国内市场为后盾，大量以进料加工为主、拥有销售控制权的加工贸易企业将能够加速实现转型升级，而他们正是今后我国加工贸易转型升级的主体③。

第二，结构调整为加工贸易转型升级提供了新的发展机遇。国家政策鼓励新兴产业的发展，将为加工贸易企业开拓新市场、发展新业务提供技术和市场空间。

第三，各级政府的战略规划和政策支持形成了加工贸易转型升级的巨大推动力量。金融危机的爆发，加强了政府和企业推动加工贸易转型升级的紧迫感和使命感。

第四，外经贸战略转型为加工贸易转型升级开辟了不可或缺的制度空间。金融危机促使中国外经贸发展更加注重收益，强调提升产业和企

---

① 在生产制造中，人们开始尝试以大批量生产的少量品种的零部件，采用通用的工艺组装出种类繁多的定制产品，这种生产模式被称作"大规模定制"。

② 参见沈玉良等：《中国国际加工贸易模式研究》，人民出版社 2007 年 9 月版，第 166～171 页。

③ 参见沈玉良等："贸易方式、生产控制与加工贸易企业转型升级"，《世界经济研究》，2009 年第 10 期。

业技术水平，促进绿色、可持续发展，同时致力于参与国际贸易的规则制定，致力于推动区域经济合作，致力于提升中国制造和中国服务的整体形象。这些新的战略举措为加工贸易的转型升级创造更为有利的条件。

四、长期的积累成为加工贸易转型升级最坚实的基础

一是加工贸易企业积累了一定规模的资金，使转型升级成为可能。转型升级需要有大量的投入。我国加工贸易的利润率虽然不高，但规模大。加工贸易企业依靠规模经济，积累了一定的资金。

二是加工贸易培养了一批懂管理、了解国际市场的人才，成为我国外贸转型升级的重要保障。

三是加工贸易大幅度提升了我国制造业水平，奠定了加工贸易转型升级的基础。通过大力发展加工贸易，我国的生产制造水平已经与国际接轨，很多产品拥有很强的竞争力，在全球市场占据重要地位。

四是依靠加工贸易发展起来的产业集群，形成了加工贸易转型升级的配套条件。依托加工贸易发展，我国在 20 世纪 90 年代开始逐步形成了珠三角、长三角两大产业集群带，加工贸易转型升级的效率将大大提高。

第四节　加工贸易转型升级的战略方向

一、加工贸易企业转型升级的主要内容

对企业而言，外贸转型升级是指企业通过进入高附加值的价值增值环节、嵌入更高级别价值链，获取先进技术和更紧密的市场联系，从而提高其在国际市场上的竞争力，从国际化经营中获得更多回报。从根本上说，我国加工贸易转型升级的内容主要包括：第一，提升加工制造环节的劳动生产率；第二，致力于本领域更高端产品的加工制造；第三，向研发领域

延伸，提高产品的附加值；第四，向下游服务价值链的延伸，发展仓储、物流、配送，掌控销售渠道；第五，开展多元化经营，向更高端领域进军。

企业在转型升级时既可以着眼于某一类型的升级，如提高劳动生产率，也可以是几种升级同时进行，如在致力于本领域高端产品生产的同时，开展多元化经营。不管是哪种情况，最终结果使企业实现了自身的转型升级目标。

目前，我国加工贸易企业正在从单纯来料加工、组装逐步向原厂委托制造（OEM）、原厂委托设计（ODM）和代工厂自创品牌（OBM）转换，这往往被西方学者看作是亚洲企业升级的模式。其实这只是加工贸易企业升级的一种路径。

另外一种非常重要的路径是利用并购来实现加工贸易企业转型升级质的飞跃。企业可以通过并购获取研发能力、品牌和销售渠道，也可以通过并购进入新的产品或产业领域。

二、国家层面上加工贸易转型升级具有更加丰富的内涵

国家层面上，加工贸易转型升级目标更加多样，内容更加复杂。在提高生产效率、延长价值链、开发新产品和新兴领域方面，国家和企业在转型升级方面的诉求是一致的，除此之外，国家还要兼顾提高加工贸易的带动作用、地区间平衡发展、可持续发展等目标。

首先，对于国家而言，加工贸易国内增值的提高是加工贸易转型升级的一个重要内容。国内增值比例越高，加工贸易对经济的带动作用越明显，加工贸易转型升级对经济的贡献也就越大，因此，延长加工贸易国内增值链条是加工贸易转型升级的题中之义。

其次，从国家层面来看，加工贸易在区域之间的转移升级也是转型升级的一个组成部分。这种转移升级背后是我国各地基于比较优势而进行的产业内分工调整。加工贸易从东部沿海较发达地区转移到生产成本和生活成本相对低的地区，不但可以为较发达地区让出产业升级的空间，而且可

以继续利用加工贸易为较不发达地区的经济发展服务。对于一些实力较弱的加工贸易企业而言，也存在向低成本地区转移的动力。面对经济较发达地区成本的上升，加工贸易企业有两个选择：一是实现自身的转型升级，提高附加值，抵消成本上升的压力；二是向成本较低的地方转移，正如当初日本引领的加工制造环节在东亚各经济体间的转移。企业选择哪种方式主要是由实力和能力决定，实现自身升级比地区间转移难度更大，投入也更多。

第三，加工贸易转型升级的同时要注意集约利用土地、资源与能源，坚持节能减排，洁净生产，保护环境。我国面临日益严重的环境问题、资源能源短缺问题和土地资源不足问题，一方面，加工贸易的发展，使我国充分发挥了劳动力比较优势，使我国有能力进口短缺的资源能源，有利于缓解资源能源短缺的矛盾。另一方面，土地、环境是不可贸易的，加工贸易要坚持集约利用土地、保护环境的原则，同时也不应发展"两高一资"的产业活动。

第五节　促进加工贸易转型升级的政策

一、政策目标

促进加工贸易企业在各个层面上实现各种类型的转型升级，包括：支持和鼓励企业进行技术与设备升级，不断提高生产效率；支持和鼓励企业向价值链的两端延伸，提升企业在价值链上的地位；支持和鼓励企业开发新产品、进入新兴领域，获取更高附加值；支持和鼓励企业提升国内增值率，带动上下游企业的发展；合理引导加工贸易梯度转移，促进区域协调发展；支持和鼓励企业加强社会责任，促进实现加工贸易的绿色升级、和谐升级和持续升级。

二、政策取向

加工贸易转型升级内涵丰富，任务艰巨，因此国家应采取相应的政策措施加以引导与支持。需要强调的是，政策有效的前提必须是加工贸易基本政策，包括进口料件保税、出口退税、深加工结转等，保持稳定。这些政策是我国加工贸易得以存在和发展的基础。这些政策如果发生改变，加工贸易的根基有可能会被动摇，更谈不上转型升级，正所谓"皮之不存，毛将焉附"。在此基础上，根据加工贸易转型升级的需要，施以更加便利、更加优惠的措施，才能切实促进加工贸易的转型升级。

第一，构建促进加工贸易企业转型升级信息服务体系。建立信息平台，帮助企业获得本领域技术发展和市场变化的新动向；搭建技术研发机构与企业沟通的桥梁，一对一地帮助企业解决提升劳动生产率的技术难题；建立相关领域的企业家网络，开办专题研讨会，帮助企业寻找新的发展机会。

第二，顺应加工贸易转型升级的新要求，创新管理和监管的理念及手段。一是针对研发和维修等业务的需要，研究制定适应试验料件、样品、维修品等小件商品的免税进口政策及进出境的监管手段；二是建立适应加工贸易物流配送服务要求的新的监管体系，推动加工贸易向下游服务环节延伸。

第三，促进加工贸易企业的技术创新。一是进一步加强知识产权保护，主要是提高知识产权执法力度和透明度；二是研究和制定研发、维修设备免税进口政策；三是对于研发和维修专用的二手设备要研究和制定专门的进口管理办法，尤其是对海外研发机构整体搬迁到我国的情况，要尽量降低研发机构的搬迁成本；四是将加工贸易企业纳入技改贴息政策。

第四，对国产料件足额退税。对加工贸易所使用的国产料件给予足额退税，才能使国产料件与进口料件处于平等竞争的地位。如果不能足额退税，会导致种种扭曲，一是加工贸易企业可能转向使用进口料件，从而降低加工贸易的增值率；二是导致国产料件的"境外一日游"现象，目前，由于退税不足额等原因，"境外一日游"现象日益严重，其金额已经超过我国进口第四大来源国。由此导致大量的无效物流成本，造成了极大的社会资源浪费，同时也加剧了我国交通运输紧张状况。建立保税物流园区后，部分"境外一日游"转变为经保税物流园区的"境内一日游"，但其对成本的增加以及社会资源的浪费，仍然十分严重。因此，应该尽快对进料加工贸易方式的国产料件实现足额退税。我国一直对来料加工所用的国产料件不予出口退税，导致来料加工贸易的国内增值率远远低于进料加工贸易。未来也应该对来料加工贸易采购的国产料件给予足额退税。

第五，进一步推进通关便利化。简化跨关区结转的手续，充分发挥海关特殊监管区的作用，提高监管效率。高附加价值的产业活动，对通关的便利性、时效性要求更高，因此，提高通关效率，尤其是充分发挥海关特殊监管区的作用，对于吸引高端产业活动具有重要意义。更新监管理念，充分利用信息技术进步的最新成果，用电子账册取代人工账册，加强金关系统、金税系统、金贸系统的联网与信息共享，加强不同部门间的协调合作，无论对于提高海关特殊监管区还是跨关区结转的监管效率，均具有重大意义。

第六，改善欠发达地区加工贸易的监管环境。加强对加工贸易相对不发达的地区管理和监管人员的业务培训，提升其业务能力。虽然很多地方为承接加工贸易的跨区域转移，大力改善加工贸易发展的基础设施，但这些地区加工贸易业务量少、业务种类有限，往往造成管理和监管软环境上的约束，妨碍了加工贸易的跨区域转移。

第七，加强人力资源培训，提高人力资源素质。目前，加工贸易提供了数千万个低附加价值的就业岗位，解决了一大批低素质劳动者（主要是农民工）的就业问题，为增加农民收入作出了重要贡献。加工贸易转型升级，需要更高的人力资源相配合。提高人力资源素质，一是要加强教育，特别是职业教育，造就一批高素质的新的劳动力队伍；二是要加强在职培训与转岗培训，政府应加大财政投入力度，合理分配培训资源，为加工贸易转型升级持续提供合格的劳动者。

第八，切实加强劳动保护。以往，由于劳动力市场供过于求状况严重，加之劳动保护不力，加工贸易中的普通劳工的报酬是不完整的，只够劳动力简单再生产的成本。随着我国劳动力市场供求平衡状况的改善，新的《劳动合同法》的实施，对劳动者的保护大大加强。劳动成本的上升，短期内确实会给出口企业带来一定的成本压力，但从长期而言，也是推动加工贸易转型升级的重要动力。只要加快提高劳动生产率，把握好劳动成本上升的节奏，加工贸易完全可以避免受到劳动成本过快上升的过大冲击。加强劳动保护的关键，是基层政府相关部门的劳动执法能否到位。

第九，理顺土地与资源能源价格。土地、资源、能源价格过低，导致资源的过度使用和相关产品的过度出口。要充分利用市场力量来推动加工贸易的转型升级，需要尽快推进土地、资源、能源价格机制的改革，由市场机制取代政府管制成为确定价格的基础力量，通过理顺价格，使加工贸易出口中土地、资源、能源成本完整化。

第十，限制和禁止"两高一资"产品。限制和禁止"两高一资"产品的加工贸易，符合科学发展观，也符合中国的国情。应该进一步完善相关产品目录，同时，凡是限制或禁止开展加工贸易的"两高一资"产品，也应限制或禁止通过其他贸易方式出口。

第十一，实现环境成本的内部化。由于不少地方政府片面追求出口与经济增长，导致不少地区环境保护执法不严，出口产品没有包含完整的环境成本。因此，要坚持谁污染谁治理的原则，加强环境保护执法力度，确保环境成本在加工贸易出口中的内部化。

最后，需要强调的是，加工贸易转型升级要坚持"政府引导、市场推动、循序渐进"的原则。加工贸易转型升级是一个渐进的过程，政府的适当引导有利于加快加工贸易转型升级的进程，但根本上要依靠市场的力量。政府引导一定要循序渐进，避免操之过急。我国大量低素质劳动力的基本国情不会短期内改变，因此，加工贸易转型升级不能轻言取消或限制劳动密集型产品的出口。近几年，一些地方政府为加快加工贸易转型升级，人为地推动"腾笼换鸟"，没有把握好高附加价值产业进入与低附加价值产业活动退出的节奏，局部地区出现了出口的锐减和失业增加，是值得记取的教训。加工贸易转型升级是在保持现有劳动密集产业活动竞争优势的基础上，向上下游高附加价值产业活动的延伸，而不是简单的替代关系，这是与我国多层次的劳动力素质相适应的。

本章完成人：隆国强，张丽平。

第十一章

金融危机爆发后法国工业振兴
新计划及其对我国的影响

2008 年金融危机爆发以来，不少发达国家提出了再工业化的政策主张。其中，法国总统萨科齐在 2010 年 3 月 4 日考察欧洲直升机制造公司时，正式宣布了法国工业振兴计划的系列目标和措施。该计划可能对我国与法国乃至欧盟的经贸关系产生重要影响，值得关注和研究。

第一节　计划提出的背景

本次工业振兴计划是在法国工业不断衰落、且金融危机又加剧了这种衰退的背景下提出的。

在 20 世纪 80 年代初，法国政府就曾经提出"重新工业化"的目标和措施，但多年来收效甚微。为了扭转法国的"去工业化"趋势，法国总统萨科齐在 2007 年上台伊始就提出了工业振兴计划。但是，2008 年全球金融危机的爆发沉重打击了法国经济，加剧了其工业的衰落。

一、工业部门的贸易逆差急剧扩大
在 1997 年达到近 300 亿欧元的高峰后，法国工业（不含能源部门）

的贸易盈余就逐步减少，到 2006 年降至 40 亿欧元左右。而受金融危机影响，贸易差额在 2007 年陡然变成近 100 亿欧元的赤字，2008 年赤字更进一步扩大到 120 亿欧元。

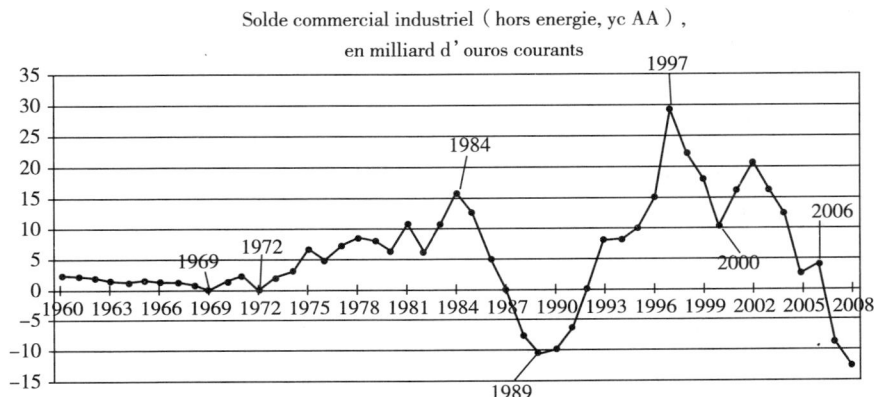

图 11.1　除能源以外的法国工业部门的对外贸易差额（10 亿欧元）

资料来源：Elysée Palace：Industrial policy proposals，4 March 2010，http：//www.euractiv.com/。

二、工业部门的就业萎缩严重

据 2010 年 2 月公布的《法国工业三级会议报告》，2009 年法国工业的就业人数比 2008 年减少了 17.3 万，而 2002 年到 2008 年平均每年只减少 6.4 万人。

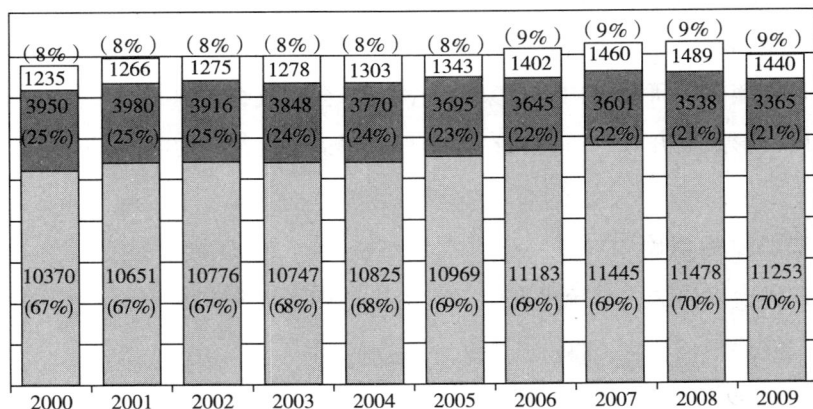

图 11.2　法国就业人口的产业结构

注：从上到下依次为建筑业、工业和服务业的就业人数，单位为千人，括号中为比重。

资料来源：同图 11.1。

在前所未有的危机面前，萨科齐原有的工业振兴计划的政策措施在广度、深度和力度方面都显得不足。因此，法国政府于 2009 年 9 月召集政府官员、企业界人士和社会利益集团各方人士，召开全国工业三级会议，研究讨论进一步振兴工业的措施，并于 2010 年 2 月向萨科齐提交了最终的政策建议。

工业三级会议报告在 2 月底被提交给萨科齐总统，后者在 3 月初就宣布了新的工业振兴计划。因此，新计划很可能将以工业三级会议报告提出的政策建议为蓝本。

第二节　法国此次"再工业化"的决心很大

从此次工业振兴计划的出炉过程和具体内容看，法国政府推动工业复兴的决心非常大。

一、全民动员

首先，为了制定新的工业振兴计划，法国召开的全国工业三级会议（EGI）的规模空前，几乎是一次全民大讨论。

在全国和 22 个大区，一共组织了近 250 次会议，参会方包括企业、商会、社会团体、研究机构、专家学者，总参会人数约 5000 人。讨论还通过互联网的形式展开。三级会议在三个月内收集了大约 1000 条政策建议。

二、目标明确

三级会议向法国总统提交的报告提出的四大政策目标都有明确的数量指标，即：

从 2009 年底到 2015 年底，

——使法国工业产量增长 25%；

——彻底扭转除能源领域以外的工业部门的对外贸易逆差局面；

——使法国占欧盟工业增加值总额的比重提高 2%；

——长期维持法国工业的现有就业水平。

报告还指出了政府应当重点扶持的七大战略产业，即：

——数字科技，包括软件和数字化内容，电子部件和网络设备，电子交易与安全；

——生态产业和能源工业；

——运输设备，包括航空航天、汽车、铁路、船舶；

——化学工业和新材料；

——制药及生命科技；

——奢侈品和创意产业；

——食品和营养。

三、政策全面具体

为实现上述目标，报告提出了五大类共 23 项政策措施，其中不少措施都明确提出了负责落实的部门和具体的时间表。

第一类：确立工业在国家经济中的中心地位。

1. 建立一个包括所有利益相关方的全国工业会议（CNI），以取代现有的工业咨询常委会（CPCI），统一领导多个与工业相关的现有常设机构，负责评估政府支持工业发展的政策的效果，并不断提出新的政策建议。通过 CNI，一是巩固 EGI 的成果，始终坚持工业在国家经济发展中的核心地位；二是保障工业振兴计划的有效实施。

2. 推动欧盟立法，发展工业。法国政府要在各个层面（包括欧洲议会、双边关系、部长级会晤）积极活动，努力推动欧盟建立工业发展战略。

对朝阳产业制定发展指导方针，融资支持，鼓励创新，联合制定欧洲统一标准，联合发展重大科技项目，设立欧盟工业大使。

2.1 确保欧盟和贸易伙伴之间的公平竞争。

在国际贸易、环保要求等方面，对欧盟内的企业和来自欧盟外的企业实行统一标准。

（1）按照对欧盟生产者实行的标准，要求进口产品购买排放权。

（2）在运用贸易救济措施（TDI，主要是反倾销、反补贴、保障措施和避税调查）时充分考虑不同国家的竞争情况，适当加大使用力度：一是简化立案程序，缩短调查时间，降低费用，特别是对中小企业；二是更多使用反补贴手段；三是在赋予别国市场经济地位问题上采取强硬立场；四是在别国违反 WTO 规则使用 TDI 时要积极诉诸争端解决机制。

（3）在经济、社会和环保方面推广国际标准和欧洲标准：一是要认真考察普惠制的受益国是否遵守了国际公约（保护人权、环境，劳工标准），建立评估和监督机制；二是在运用 TDI 时加入社会和环保标准。

（4）建立互惠的政府采购机制：一是就 WTO 的政府采购协议重新谈判，增加缔约国数量，减少例外产品；二是促使欧盟与别国签订 FTA，使欧洲的公司得以进入别国的政府采购市场；三是对不遵守承诺的缔约国，诉诸 WTO 争端解决机制；四是对那些尚未开放本国政府采购市场的国家，欧盟应建立一个互惠对等机制。

（5）在对企业兼并的管理上考虑各国的国情。

（6）在促进竞争方面应参考世界其他主要经济体的做法：一是对于事关"欧洲共同利益"的研发项目，欧盟委员会对成员国研发资助项目的审查时应主要关注项目为欧洲带来的战略利益，而不是市场失灵和竞争减弱。对这类项目的资助，应考虑豁免其在整个欧盟范围内的申报义务；二是在竞争立法方面，应对比欧盟主要贸易伙伴国的做法，在国际论坛上倡议采取一致标准。

（7）促进中小企业融资：一是参考美国的做法，加大对中小企业的支持力度；二是制定"小企业上市法案"，使小企业更容易上市融资。

（8）推动国际劳工组织在制定贸易规则时更多考虑社会因素和环保因素。

2.2 促进欧洲的研发。

（1）促进中小企业更多参与欧盟的研发项目。

（2）加强对非技术性的创新（设计、创意）的支持。

（3）加强资本支持。

（4）加强对基础研发项目的支持。

（5）应对危机的短期支持政策，应根据经济复苏的速度逐步退出。

（6）统一欧盟的专利司法，降低企业获得及保护专利的成本。

3. 推进"法国制造"。设立"法国制造"标签，按照法国本地含量占产品增加值的比重，将产品分成三个等级：一星代表法国本土增加值成分占45%，二星代表60%，三星代表100%，借以推广"法国制造"标识就代表优良品质的观念，鼓励法国企业更多地在法国领土上生产制成品。

效仿美国、澳大利亚、日本、加拿大等其他发达国家，推动欧盟尽早就实行强制性的原产地标识进行立法，设立"欧洲制造"标签。

通过标签来提高产品的可追溯性，以及在是否符合劳工标准、环保标准方面的透明度。

4. 设立"工业周"。通过工厂开放日、展览、学校报告会、媒体（网络、电视）等形式，大力宣传工业对贸易、就业、技术进步和社会进步的重要意义，改善工业在公众心目中的形象。

具体组织工作由商会、国际贸易委员会负责，工业部支持。

5. 加强工业与教育之间的联系。组织大学、中学的学生到企业参观；加强教学技巧，使教育更适应企业要求；增设相应课程，如供应链管理，创新管理；培养企业家精神。

6. 加强政府对政府持股大企业的控制权。增持大型企业中的国家股份，加强政府在企业董事会的影响。任命相关工业部委官员担任国家持股企业（包括雷诺汽车集团、国家邮政公司、法国电信等）的董事，国家持股企业领导人与政府相关部长每年必须召开2次战略发展会议。

第二类：在全国各地区促进就业和提高工人技能。

7. 鼓励再工业化，创造就业。政府将出资2亿欧元，向有意重返法国投资的企业提供预付偿还金补贴，鼓励企业回归，促进国内就业。接受补贴的企业的投资额须大于500万欧元，创造就业岗位达到25个。计划由工业部负责实施。

8. 在战略性产业建立新老员工之间进行知识传承的机制。由政府资助职业培训活动，防止企业因老员工退休而难以继续经营。

第一阶段：确认对企业发展起到关键性作用且稀缺的重要技能，找出企业内现有的掌握这些技能的员工（15 年以上工龄），纳入导师库，在工作合同中列明其授课活动将占其工作时间的 20% 以上。

第二阶段：每雇佣一名准备继承老员工技能的新员工，企业将从政府得到 2000 欧元的补助。

9. 在全国各地区建立就业管理和职业技能管理相结合的信息库。在 2010 年底前建立劳动力市场的信息库，促进求职者和雇主之间的信息沟通，使再就业变得更为容易，同时企业还可以从信息库中获得员工培训的知识和方法。

10. 改善财政支持的绩效评估机制。由 CNI 负责评估现有机制的有效性。

第三类：加快工业结构调整。

11. 建立战略委员会。负责制定战略性产业的中长期发展规划，2010 年底之前开始第一阶段。出资 3 亿欧元，建立产业发展基金。

12. 指定分包的协调人。在法国工业部下设协调人，促进在承包商和分包商之间建立长久而平衡的合作关系。

13. 呼吁在地方上开展结构性调整的项目。

第四类：促进竞争和创新。

14. 建立绿色产业补贴贷款机制。由法国创新署（OSEO）负责，贷款期在 10 年以上，提供 5 亿欧元的"绿色"贷款（3 亿欧元优惠利率贷款和 2 亿欧元贷款担保），用于帮助企业进行技术改造，实现节能减排。

15. 简化法规。2010 年 9 月前，成立专门工作组，对现有法律进行必要的修订，以促进工业生产活动的便利化。

由政府秘书长指定专员，负责审查新制定的法律。

由 CNI 下设一个委员会，负责对那些可能对工业生产造成重大影响的法律法规进行审查。

成立专门委员会，考察企业与公共实验室之间的合作是否存在障碍。研究如何改善法国的创新成果推广中心的工作。

16. 建立统一的中小企业信息和支援中心。新设立的地区企业、竞争、消费、劳动与就业局（DIRECCTE）将在 2010 年底前在法国各大区设立分支机构。

17. 设立大学、学院创业启动基金。规模 1 亿欧元，除用于创业外，也可用于增资扩股。

18. 改善科研税务鼓励措施（CIR）。简化使用程序，提高政策的透明度。

19. 设立税收优惠政策，鼓励在法国境内用专利技术开发并销售产品。成立一个专门工作组，比较欧洲各国此类措施的有效性，以便在 2011 年在法国制定出类似的政策。

20. 设立 1 亿欧元专利投资基金。专利所有人在偿还了投资基金投入的资金之后，将拥有专利收入。

重点支持技术发明专利的国际运用，形成较大规模知识产权集群，促进企业技术专利的成果市场化。

第五类：为工业发展提供充足的资金。

21. 引导储蓄资金和银行信贷流向工业部门。经济、工业和就业部将在 2010 年 7 月前就通过税收政策鼓励长期股权投资提出建议。

22. 设立数据统计部门。监测工业部门的融资情况，并发现新的融资需求。

23. 保证在危机情况下企业的融资需求仍能得到满足。

第三节　对我国的影响

法国工业振兴新计划的主旨是要通过重振工业加快经济的恢复，从这个意义上讲，它对中法经贸关系的发展是有利的。首先，随着法国经济的增长，其进口需求会相应增加，有利于我国的出口。其次，作为世界主要资本输出国之一，法国的对外直接投资也会随着经济复苏而恢复增长，我国也会从中受益。此外，工业振兴计划侧重于鼓励新兴产业的发展，法国的产业升级可能因此而加快，其传统产业可能出现更多并购的机会，这有利于我国企业对法国的直接投资。

但是，振兴计划的四大目标中有两个分别是扭转工业部门的外贸逆差和保持工业部门就业人数，这很可能导致法国在贸易方面"奖出限入"，在投资方面"宽进严出"。从报告提出的 23 项政策建议看，其中确有一些措施带有明显的贸易和投资保护主义倾向，可能对中法乃至中国同欧盟的经贸关系产生不利影响。

一、阻碍我国对法国出口

据法国媒体报道，法国工业部长已在 2010 年 4 月 21 日宣布正式设立"法国制造"标签。这其实就是工业三级会议报告第三条政策建议的具体落实。目前尚不清楚实施细则，但根据工业三级会议报告，设立该标签，不仅是要鼓励法国消费者购买本国产品，而且将在是否符合劳工标准、环保标准方面对进口产品提出更为严格的要求，这将使我国产品在向法国出口时面临新的限制条件。

二、阻碍法国对我国的直接投资

据新华网消息，法国汽车制造商雷诺集团于 2010 年 4 月 22 日宣布，从 2011 年起将在法国西北部的克雷翁厂生产 1.6 升 DCI 柴油发动机，而不是将此生产任务转移到罗马尼亚或西班牙，为此雷诺从政府得到了 114 万欧元的奖金。这其实就是工业三级会议报告第七条政策建议的落实，即由政府向有意重返法国投资的企业提供补贴，鼓励企业回归。该措施显然不利于我国吸引来自法国的直接投资。

三、加剧我国同欧盟的贸易摩擦

工业三级会议报告第二条政策建议提出要推动欧盟修改法律：对提出立案申请的中小企业，应简化立案程序，缩短调查时间，降低费用；更多使用反补贴手段；在运用贸易救济措施时加入社会和环保标准。

由于这些建议涉及修改欧盟立法，一旦实施，将明显加剧我国同欧盟的贸易摩擦，影响我国对整个欧盟的出口。第一，在国际经济形势尚未确定好转的情况下，简化贸易救济措施的立案程序将诱导更多仍处于经营困境中的欧盟中小企业对进口产品发动反倾销、反补贴或保障措施调查，而在欧盟占据较大市场份额的我国企业将首当其冲；第二，一旦社会和环保标准被纳入欧盟的贸易救济措施立案程序，将大大增加我国企业应对反倾销、反补贴和保障措施调查的难度。

四、可能使欧盟赋予我国市场经济地位的进程受阻

在 2010 年 7 月发布的《中德关于全面推进战略伙伴关系的联合公报》中，德方承诺将积极支持欧盟尽快承认中国完全市场经济地位。但是，法国工业三级会议报告第二条政策建议明确提出要推动欧盟在赋予别国市场经济地位问题上采取强硬立场。如果该建议被实施，即使不能完全阻止欧盟赋予我国市场经济地位，也很可能导致欧盟在这一问题的谈判中提高对我国的要价。

五、妨碍我国加入 WTO《政府采购协议》

我国于 2007 年底启动加入 WTO《政府采购协议》的谈判，2010 年 7 月刚刚向 WTO 提交新的出价，这些都是以协议的现有文本为基础的。而法国工业三级会议报告第二条政策建议提出要推动欧盟就 WTO 的政府采购协议重新谈判，增加缔约国数量，减少例外产品，这等于是要在原有协议的基础上进一步扩大市场开放范围。虽然 WTO 就《政府采购协议》重新谈判的可能性不大，但如果法国政府实施这一建议，就可能导致《政府

采购协议》现有成员在谈判中提高对我国的要价，加大我国的谈判难度。

六、有关进口产品碳排放权的立法建议可能使我国对欧出口面临新的重大变数

工业三级会议报告第二条政策建议提出要推动欧盟立法，按照对欧盟生产者实行的标准，要求进口产品购买碳排放权。虽然这一立法提议实施起来难度较大，但如果作为欧盟核心成员之一的法国积极推动，就不能完全排除欧盟最终通过此法案的可能性。该法案一旦通过，将使我国产品在对欧盟出口时面临一项全新的壁垒。

法国自身对华贸易和直接投资的金额并不大，2009 年我国对法国出口额为 214.6 亿美元，仅占我国出口总额的 1.8%，截至 2009 年底，法国对华实际投资金额 157.8 亿美元，在欧盟国家列第四位，在全球列第十三位。因此，法国单方面设置进口壁垒、限制产业外移，并不会对我国对外经贸关系产生全局性影响。但是，法国是欧盟的核心成员之一，在欧盟内部具有重要影响力，如果法国成功推动欧盟的对外经贸政策转向保护主义，将会对我国与整个欧盟经贸关系的健康发展造成重大的负面影响。有鉴于此，我国相关政府部门对法国工业振兴计划中可能影响我国对法及对欧经贸关系的措施，需要密切关注，提前研究，早做应对。

本章完成人：吕刚。

第十二章

金融危机爆发后日本的新增长战略
及其对我国的影响

2010年6月18日，日本内阁会议通过并公布了《新增长战略》报告，对未来10年日本经济社会发展和结构调整的目标、重要领域及其政策作出了全面规划，其中表现出的"重视亚洲"和"再制造业化"等战略意图，尤其值得我们关注。

第一节　日本新增长战略的背景与主要内容

日本政府认为，导致近20年本国经济持续低迷的原因在于过去经济政策的两种路径依赖：一是主要依靠政府公共投资刺激经济增长的政策；二是过度依赖市场作用的供给方政策。前者在基础设施水平趋于饱和以及产业、社会结构不断变化的条件下，已经难以取得刺激经济的实际效果，相反带来了效率低下和公共债务沉重的严重后果。后者虽然有利于提高企业效率，但失业大军的迅速扩大和社会保障水平下降，带来了居民生活条件恶化，消费疲软和通货紧缩压力长期持续等严重问题。为此，日本政府提出"第三条道路"构想，即追求"强经济、强财政、强社会保障"的新增长战略。

《新增长战略》主要由能源环境、健康医疗、亚洲、地方经济与旅游振兴、科学技术与信息通讯、就业与人才、金融等七大国家战略和 21 个具体项目构成。按照日本政府的说明，能源环境、健康医疗是发挥日本传统优势的增长领域；亚洲、地方经济和旅游振兴关系到新增长空间的开拓，科学技术与信息通讯、就业与人才、金融等事关未来增长的重要平台建设。日本政府为新增长战略设定的宏观经济目标是：到 2020 年为止的 10 年中，使日本经济年均实际增长率达到 2% 以上；失业率降低到 3% 以下；消费者物价指数保持 1% 左右的水平。

第二节 "亚洲战略"的主要特点和核心目标

新增长战略的一个显著特点就是"重视亚洲"，把加强与亚洲新兴市场国家的经济关系摆在了十分突出的位置上。"亚洲战略"具体包括五个方面的内容：一是扩大海外基础设施市场战略，即帮助本国企业利用长期积累的产品、技术、管理知识等优势，扩大日本企业在亚洲国家基础设施建设的市场份额。二是通过降低企业所得税率和其他激励措施，使日本重新恢复作为亚洲最重要的公司总部基地和研发基地的功能。三是培育全球化人才和扩大海外高素质人才引进，目标是海外人才引进数量倍增，日本海外留学和接收外国留学生数各达到 30 万人的规模。四是推进知识产权保护、标准化和魅力日本建设，目标在于主导国际标准的制定，强化日本企业的国际竞争力、扩大在亚洲内容产品市场上的占有率。五是推进区域经济合作战略，重点是在亚太经济合作组织框架下推进关于构筑亚洲太平洋自由贸易圈（FTAAP）的研究和讨论。

日本经济产业省公布的《产业结构展望 2010》报告，进一步明确了新增长战略框架下产业结构调整的战略性领域和政策导向。这些领域包括基础设施建设相关产业、环境保护和新能源产业、文化创意产业、医疗、健康服务产业、尖端技术产业，对于亚洲新兴市场需求都有很强的针对性。这表明，日本政府已将扩大面向亚洲地区的商品和服务出口作为未来10年本国经济增长与就业稳定的重要支撑，亚洲战略的核心目标就是开拓新兴市场。

第三节　日本关于"再制造业化"的产业政策导向

长期以来，日本始终把促进制造业稳定发展作为产业政策的重要目标，取得了一定效果。日本国内制造业在 GDP 中所占份额基本保持在30%左右，是发达经济体中的较高水平。日本的出口依存度2007～2008年连续两年达到15.5%，创1973年以来的历史最高水平。

日本政府认为，随着日本企业海外转移的不断加快，将对日本国内制造业增长和稳定就业造成严峻挑战。另一方面，由于制造业的研发投入和出口占全国的九成左右，日本政府担心制造业下降会严重冲击本国技术创新和出口。为此，在日本的新增长战略和产业结构调整规划中，"再制造业化"占有十分重要的战略地位。日本政府希望制造业发挥经济增长的引擎作用，并为本国制造业发展方向提出了两大目标。一是获得更多的新兴经济体市场空间和份额；二是加强作为高附加值产品、零部件研发和供给基地的传统优势。

日本政府提出了一系列促进"再制造业化"的政策措施。一是对面向新兴市场的商品开发、生产体系调整、营销渠道开拓等给予必要支援；二是加强关于防止企业技术外溢、在全球推广日本标准、改善企业经营模式方面的政策指导；三是逐步降低企业所得税率，实行研究开发的鼓励性税收政策；四是制定适度的气候政策目标以避免对企业国际竞争力造成不利影响；五是通过推动技术研发和普及、重要资源优先分配，提供补助金等方式，加大战略性新兴产业发展的政策扶持力度。

第四节　日本新增长战略对我国的影响

一、积极影响

（1）有利于提升我国在日本对外经济关系中的战略地位，增加我国在中日双边和区域多边、全球事务中的话语权。

（2）有利于我国拓展战略性新兴领域的双边务实合作，深化中日战略互惠关系。

（3）有利于满足我国对外部商品、服务和其他生产要素的巨大需求，为我国内发展提供资源保障。

（4）有利于我国通过日本经济增长获得稳定的市场需求，增加国内企业扩大出口和对外投资的机会。

二、不利影响

（1）我国在获取日本企业技术转让和技术外溢方面将面临更多困难。日本企业对我国技术转让十分保守的问题由来已久。在新增长战略中，日本政府高度强调保持日本企业技术优势对实现本国经济稳定增长的重要性，强化了防止企业技术转移和技术外溢的政策导向。如在亚洲战略部分，表明要推动美欧等发达国家主导的《反假冒贸易协议》（ACTA）谈判，我国企业遭受来自日本超越世贸组织标准知识产权保护措施的打击将可能进一步增加。另一方面，日本政府关于防止企业人员流动、产品销售等途径造成技术外溢的政策指导，将可能减弱日本对华贸易和投资对我国企业的技术溢出效应。另外，日本的企业税制改革和对亚洲地区总部型、研发型和制造业企业扎根日本的鼓励性政策也会在一定程度上延缓日本企业生产和制造技术对华转移的进程，激化双方对关键企业、技术和人才的争夺。

（2）我国将面临更大的市场开放和竞争压力。日本亚洲战略的核心是利用中国等新兴经济体的巨大市场，在双边和多边对话中要求我国开放市场，尤其是服务贸易和公共产品市场的调子必然会明显提高。如在新战略实施细则中，日本政府已明确提出要推动中日韩三国关于放宽内容产品市场准入限制合作协定的签署。今后，我国在基础设施建设、节能环保技术应用、文化创意商品贸易、知识产权保护、食品安全保障、投资政策等广泛领域，不仅将面临市场开放和政策调整压力，国内企业也将面对来自日本企业的强大竞争压力。

（3）我国主推 10+3 自贸区的区域合作战略将面临一定阻力。新增长战略中并没有包括日本自贸协定的国别政策，也没有在消除中日自贸区的日方障碍上取得任何实际进展。其中重点提出的推进亚太自贸圈的战略目标实际上是日本"东亚共同体构想"的具体化。日本政府表示，将利用APEC 首脑会议在日本召开的时机，为推动亚太自贸圈议题的讨论发挥主导作用。这种力图将"东亚共同体"和亚太自贸区划等号的做法，反映了日本希望据此发挥东亚地区合作主导作用的战略目标。这将进一步增加东亚经济合作机制的复杂性和不确定性，分散各国的注意力和行动力，对我国力推的 10+3 主渠道形成一定阻力。

本章完成人：赵晋平。

第十三章

金融危机爆发后美国制造业
振兴政策及对我国的影响

美国制造业，尤其是汽车业在此次金融危机中受到重创，导致大量工人失业。美国政府正努力重振制造业，增加就业。美国振兴制造业并不是要回归传统产业，而是通过创新发展新能源、新材料等新兴产业。对我国而言，美国制造业振兴政策中既蕴含着机遇，也有很多挑战。

第一节　美国制造业振兴政策的主要内容

美国振兴制造业政策主要包括人才培训、研发支持、稳定资本市场、完善基础设施、促进出口和保护国内产业等六个方面，旨在降低每个制造环节的成本，提升效率。

一、帮助工人获得适应新材料、新工艺、绿色经济发展所需技能

（1）支持社区学院发展。2009 年 7 月美国政府宣布实施美国毕业生计划，投入 120 亿美元，利用 10 年时间增加 500 万名社区学院毕业生。

（2）提供高水平的工作岗位培训。2010 财政预算和《2009 年美国复苏和再投资法案》（以下简称《复苏法案》）中均包括此项支出。

二、对技术创新提供支持

（1）加大研发支持力度。《复苏法案》安排了 180 多亿美元用于研发；对研究与实验给予永久性税收抵免。

（2）加强制造与研发之间的协调。加大制造业拓展伙伴项目的支持力度，2010 年财政预算建议，将该项目资金由 2008 年的 9000 万美元增至 2015 年的 1.8 亿美元。

（3）探索促进创新和技术突破的新机制。设立逆向招标制度，企业可对生产一定数量电池所能接受的最低支持金额进行投标。

三、发展稳定高效的资本市场，促进投资

（1）扩大新企业融资。《复苏法案》暂时降低了小企业管理局的费用，提高了该局的担保额度，使得该局的贷款增加 61%。

（2）增加政策性出口融资。2009 财年，美国进出口银行向美国出口融资达到创纪录的 210 亿美元。

（3）制造业税收抵免。《复苏法案》中包括了 23 亿美元的税收抵免；2009 年 12 月美国政府宣布将该额度扩大至 50 亿美元。

（4）先进汽车制造业贷款项目。项目总额为 250 亿美元。

四、支持建造先进交通基础设施

（1）支持国家公路、桥梁和规模交通设施的建设。《复苏法案》安排 360 亿美元用于基础设施项目。

（2）支持电池和电力驱动部件发展，促进交通电气化。美国政府向 30 家生产先进电池和电力驱动部件的工厂提供 20 亿美元的资金支持；《复苏法案》交通电气化项目对 8 个项目提供 4 亿美元的资助。

（3）支持清洁城市基础设施。2009 年 8 月能源部向 25 个清洁城市联

盟提供了 3 亿美元的资助。

（4）促进电网的现代化改造。《复苏法案》提供 45 亿美元，资助智能电网的发展；将博纳维尔电力管理局的借款授权增加 32.5 亿美元；给予西部地区电力管理局 32.5 亿美元新借款授权。

（5）发展高速铁路。奥巴马总统提议将发展 100～600 英里城际高铁网络作为长期战略，为此在《复苏法案》中包含了 80 亿美元的先期投入，在 2010 财年预算中提议每年增加 10 亿美元投入。

（6）发展下一代空运控制系统。2010 财年预算为联邦航空管理局的下一代空运系统提供 8.65 亿美元资金支持。

（7）扩展宽带服务。《复苏法案》安排了 72 亿美元用于拓展宽带；2010 财年预算中安排了 13 亿美元用于提高宽带容量和电信服务。

五、实施五年出口倍增计划

（1）打开海外市场。积极参与跨太平洋伙伴关系（TPP），促进多哈回合谈判，加快已签署的双边自由贸易协定的实施；通过 WTO 争端解决机制，消除他国在农业和工业关键领域的非关税壁垒。

（2）为出口提供培训和资金支持。美国 100 个城市和全球 75 个国家的贸易和商业专家为企业的培训、出口等提供资金支持，帮助其提升国际竞争力；美国进出口银行为出口提供了近 680 亿美元的信贷。

（3）支持小企业对新兴市场和发展中国家的投资。海外私人投资公司通过提供融资、政治风险保险以及建立投资支持基金等帮助美国小企业在海外投资。

（4）重新审议出口限制。考虑取消在其他地区（如欧洲）可获得的高技术的出口限制。

六、加强对国内产业的保护

（1）加强知识产权保护。确保美国专利和商标局拥有管理专利系统的资源、权威和灵活性。

（2）购买美国货。《复苏法案》规定，由该法案出资的公共建筑和公共工程中使用美国生产的钢材、铁和制成品；要求国土安全部购买美国生产的纺织品和服装。

（3）扩大反倾销、反补贴等贸易救济措施的应用。美国 2010 年 1～5 月共发起 9 项反倾销反补贴调查。

第二节　美国制造业振兴政策对我国的影响

一、有利影响

（1）中美在基础设施建设方面面临新的合作机遇。如高铁网络建设项目，我国拥有较为成熟的高铁建设和运行技术，可争取参与到美国高铁项目中。

（2）中国企业可间接介入美国政府的支持项目。美国私人公司接受资助后，如果不是公共项目，将不受买美国货的限制。中国商品在这些领域依然具有竞争力。据美国某议员估算，大约有 1500 亿美元会通过这一渠道被中国企业分享。

（3）美国放松出口限制有利于我国引进高技术。

（4）推动多哈回合总体上对我国有利。多哈回合取得突破，有利于维护和推动全球自由贸易体制，对于具有强大出口竞争力的中国而言，利大于弊。

二、不利影响

（1）我国在新能源、新材料等领域的发展空间有被挤压的危险。美国大力支持的新能源、新材料产业同样也是我国经济转型升级努力的方向。中美未来势必会相互争夺发展这些产业所需的资源，包括人才和研发机构。

（2）我国对美国出口的贸易环境有恶化之虞。美国贸易保护主义抬头，且可能出现长期化趋势，对中美贸易环境改善不利。

（3）中美在第三方市场，尤其是新兴市场的竞争将加剧。中、美均将新兴市场作为未来发展的主要目标市场。美国小企业有很多属于传统产业，与中国企业的竞争在所难免。

（4）我国进一步开放市场的压力增大。美国正致力于通过各种渠道，打开我国政府采购市场。

第三节　政策建议

面对美国振兴工业政策带来的机遇和挑战，我国应积极应对，在抓住机遇的同时，化挑战为机遇。

（1）通过中美战略与经济对话等政府间沟通机制，一方面推动中美在高铁等美国基础设施项目上的合作，另一方面尽量减少不必要的贸易摩擦。

（2）针对美国经济复苏计划中中国企业可以利用的商机，加强信息的收集和发布。

（3）继续加大对研发的支持。针对研发的特点，尽快设计和实施我国的鼓励政策体系，尤其是进一步吸引海外人才和跨国公司高端研发机构的政策。

（4）有关部门应进行企业、行业调查，对我方所需高技术进行摸底，积极推动美方进一步放松这些技术的出口限制。

（5）顺势而为，积极推动多哈回合取得新成果。

本章完成人：张丽平。

参考文献
References

［1］布鲁诺·索尔尼克，丹尼斯·麦克利维著，张成思译．国际投资．北京：中国人民大学出版社，2010

［2］陈其慎，王安建，王高尚，李建武，彭颖．矿产资源需求驱动因素及全球矿业走势分析．中国矿业，2011（1）

［3］成金华，汪小英．工业化与矿产资源消耗：国际经验与中国政策调整．中国地质大学学报（社会科学版），2011（2）

［4］方晋．G20机制化建设与议题建设．国际展望，2010（3）

［5］方晋等．美国金融危机的六个问题．北京：中国发展出版社，2010

［6］方伟，雷涯邻，安海忠．油气资源国际合作的研究述评．资源与产业，2011（2）

［7］龚炯，李刚．2010年跨国公司新动向．商界评论，2010（2）

［8］国土资源部信息中心．世界矿产资源年评（2007~2008）．北京：地质出版社，2009

［9］国务院．国家中长期人才发展规划纲要（2010~2020年）．新华社，2010 – 06 – 06．http：//www.gov.cn/jrzg/2010 – 06/06/content_ 1621777.htm

［10］国务院发展研究中心资源与环境政策研究所．中国石油资源的开发与利用政策研究．北京：中国发展出版社，2010

［11］国务院国有资产监督管理委员会．"十一五"中央企业人才队伍建设规划纲要．国务院国有资产监督管理委员会公告，2006（8）

［12］亨利·基辛格著，顾淑馨、林添贵译．大外交．海口：海南出版社，1998

［13］联合国贸发会议（UNCTAD）．2010世界投资报告，2009世界投资报告

［14］廖运凤．中国企业海外并购案例分析．北京：企业管理出版社，2007

［15］苗丹国，杨颉．我国吸引在外留学人才的基本情况及政策研究．中国发展，2003（1）

［16］邱国兵．金融危机背景下的全球治理：挑战与机遇．中共宁波市委党校学报，2009（4）

［17］冉宝松．"后金融网危机时代的机遇与挑战．中国物流与采购，2009（29）

［18］商务部，国家统计局，国家外汇管理局．2009 年度中国对外直接投资统计公报，http：//
hzs. mofcom. gov. cn/accessory/201009/1284339524515. pdf

［19］苏光明．孵化器发展与国际化人才．中国科技产业，2006（8）

［20］王安建．世界资源格局与展望．地球学报，2010（5）

［21］王逸舟，谭秀英主编．中国外交六十年．北京：中国社会科学出版社，2009

［22］王子先，王雪坤，杜娟．服务业跨国转移的趋势、影响及我国对策．国际贸易，2007（12）

［23］张友先，马欣．促进我国企业进行海外矿产资源开发利用的若干建议．国际金融，2011（3）

［24］郑磊．海外鏖兵——中国企业跨国经营的实践案例与行动指南．南京：南京大学出版
社，2009

［25］中国科学院国际合作局．中国科学院实施引进国外优秀科技人才计划．中国科学院院刊，
2009（5）

DRC
国务院发展研究中心
研究丛书

DEVELOPMENT RESEARCH CENTER OF THE STATE COUNCIL

国务院发展研究中心研究丛书(2010)

书　　名	作　　者	定价(元)
"十二五"发展十二题	国务院发展研究中心课题组/著	38.00
迈向全面小康:新的10年	张玉台/主编	68.00
转变经济发展方式的战略重点	国务院发展研究中心课题组/著	30.00
中国城镇化:前景、战略与政策	国务院发展研究中心课题组/著	50.00
区域开放新战略	隆国强/主编	35.00
生产性服务业的发展趋势和中国的战略抉择	来有为 等/著	38.00
中国产业振兴与转型升级	国务院发展研究中心产业经济研究部课题组/著	30.00
中国企业并购重组	陈小洪 李兆熙/主编	46.00
美国金融危机的六个问题	方晋 等/著	30.00
中国石油资源的开发与利用政策研究	国务院发展研究中心资源与环境政策研究所/著	38.00
扩大消费需求:任务、机制与政策	任兴洲/主编	38.00
典型国家工业化历程比较与启示	王金照 等/著	30.00
新一轮经济增长的结构与趋势研究	杨建龙/著	30.00

国务院发展研究中心研究丛书(2011)

书　　名	作　　者	定价(元)
人民币区域化:条件与路径	国务院发展研究中心课题组/著	30.00
服务业发展:制度、政策与实践	任兴洲　王　微/主编	48.00
农民工市民化:制度创新与顶层政策设计	国务院发展研究中心课题组/著	62.00
国民收入分配:困境与出路	余　斌　陈昌盛/著	38.00
温室气体减排:国际经验与政策选择	陈健鹏/编著	30.00
危中有机:后危机时期对外开放的战略机遇	隆国强/主编	30.00
物联网:影响未来	国务院发展研究中心技术经济研究部/著	30.00
中国的互联网治理	马　骏　等/著	45.00
中国农业补贴制度设计	程国强/著	30.00
社会组织建设:现实、挑战与前景	国务院发展研究中心社会研究部课题组/著	35.00
资产泡沫:国际经验与我国现状	余　斌　李建伟　等/著	32.00
低碳贸易:节能目标约束下的贸易结构调整	赵晋平/著	32.00